★★★ 반드시 내 것으로 ★★★
#MUSTHAVE

깃&깃허브, 손으로 체득해 습관처럼 써라

박미정의
깃&깃허브
입문

Must Have 시리즈는 내 것으로 만드는 시간을 드립니다. 명확한 학습 목표와 핵심 정리를 제공하고, 간단명료한 설명과 다양한 그림으로 학습 효과를 극대화합니다. 설명과 예제를 제공해 응용력을 키워줍니다. 할 수 있습니다. 포기는 없습니다. 지금 당장 밑줄 긋고 메모하고 타이핑하세요! Must Have가 여러분의 성장을 돕겠습니다.

GOLDEN RABBIT

골든래빗은 가치가 성장하는 도서를 함께 만드실 저자님을 찾고 있습니다.
내가 할 수 있을까 망설이는 대신, 용기 내어 골든래빗의 문을 두드려보세요.

apply@goldenrabbit.co.kr

우리는
가치가 성장하는
시간을
만듭니다.

GOLDEN RABBIT

추천의 말

이 책은 원고 단계에서 베타 리딩을 진행했습니다. 보내주신 의견을 바탕으로 더 좋은 원고로 만들어 출간합니다. 참여해주신 모든 분께 감사드립니다.

깃&깃허브를 처음 접한 입문자

이 책은 깃과 깃허브를 효과적으로 사용하는 방법을 알려줍니다. AWS, 애저^{Azure}에 배포하는 방법도 다뤘기 때문에 개발 입문자와 초보자에게 큰 도움이 될 것이라 확신합니다.

임혁 충북대학교 경영정보학과 석사 학위

깃&깃허브를 사용하는 개발자

아직 버전 관리 도구에 익숙하지 않으신가요? 이 책에서 제공하는 시나리오를 통해 실제 프로젝트에서 겪을 수 있는 문제들을 간접적으로나마 접해보세요. 실무 경험이 많은 엔지니어의 경험담을 통해 깃과 깃허브에 익숙해질 겁니다.

김영훈《커피 한 잔 마시며 끝내는 Vue.js》 저자

개발자에게 깃&깃허브가 필수인 시대입니다. 깃은 협업을 수월하게 해줄 뿐만 아니라 버전 관리를 체계적으로 해줍니다. 아직 접해보지 못했다면, 더 늦기 전에 이 책을 통해 기본 개념을 다잡고 깃&깃허브에 능숙한 프로그래머로 거듭나길 바랍니다.

박재유《모의 침투 입문자를 위한 파이썬 3 활용》 저자

깃허브는 개발자라면 누구나 사용해야 하는 분산 버전 관리 도구로써 효율적인 프로젝트 관리에 필수 서비스가 되었습니다. 이 책을 통해 사용하는 운영체제에 관계없이 누구나 쉽게 깃의 사용법과 관리 방법을 배울 수 있습니다. 다양한 예제와 설명으로 깃을 정복해보세요.

박진만 에그타르트 주식회사 대표이사

깃과 깃허브 사용법은 공식 페이지와 많은 블로그에서 다룹니다. 그런데 어떤 기능을 가장 먼저 공부해야 하는지, 가장 자주 마주하는 기능은 무엇인지 알려주는 않습니다. 이 책은 현업에 투입될 때 꼭 알아야 하는 기능, 그리고 현업에서 마주하게 될 시나리오들을 아주 친절하게 이야기해 줍니다. 팀에 깃/깃허브를 이용한 협업을 해본 적 없는 신규 멤버가 온다면 꼭 이 책을 추천할 겁니다.

서지연 네이버 백엔드 개발자

단순히 사용법이나 문법을 다루는 책이 아닙니다. 가상의 문제 상황을 제시하고 해결하는 과정을 보여줍니다. 깃은 많이 아는 것보다 잘 사용하는 게 중요한 도구입니다. 이 책으로 쉽고 재밌게 사용 방법을 배울 수 있을 겁니다.

송진영 데이터 분석가

이 책에서 보여주는 다양한 예제와 그림, 시나리오를 바탕으로 깃&깃허브를 활용한 협업을 입체적으로 이해할 수 있어요. 프로그래밍 개발을 시작하여 아직 깃과 깃허브에 익숙지 않은 분에게 적극 추천합니다.

이동규 우아한형제들 프로그래머

깃과 깃허브를 처음 접하시는 분들이 핵심 기능과 협업 방식을 빠르게 익힐 수 있는 책입니다.

정상혁 네이버 책임 리더

이 책은 깃과 깃허브 책 중에서 가장 '현실'적인 교재입니다. 불과 1~2년 전만 해도 대부분 초급 입문자가 깃과 깃허브를 하나의 도구로 취급했습니다. 깃허브 문화를 체험하지 못했기 때문입니다. 이슈를 작성하고, 풀 리퀘스트를 보내는 과정은 현업 개발자들에게는 숨 쉬듯 자연스러운 문화입니다. 하지만 초급자/입문자는 접하지 못한 문화입니다. 이 책은 깃&깃허브 문화를 실습을 통해서 간접 경험할 수 있는 기회를 제공합니다. 깃과 깃허브에 대해서 여전히 혼란스러운 중급 개발자와, 깃&깃허브 문화를 체험하고 싶으신 입문자에게 추천합니다.

한상곤 부산대학교 강의전담 교수

저자와 3문 3답

Q 깃과 깃허브는 왜 배워야 할까요?

프로젝트를 진행할 때 버전과 변경 이력을 관리합니다. 어떤 기능이 포함되었는지 버전으로 구분할 필요가 있고, 여럿이 협업하는 프로젝트라면 누가, 언제, 무엇을 작업했는지 이력을 남겨 관리해야 협업 효율을 높일 수 있습니다. '깃Git'은 버전 관리 시스템 중 최고로 손꼽힙니다. '깃허브GitHub'는 깃 저장소 호스팅을 지원하고 다양한 협업 기능을 제공하는 서비스입니다. 프로젝트를 체계적으로 관리해 협업의 효율성을 높이고 싶다면 깃&깃허브는 최고의 선택입니다.

Q 깃허브에 공개되어 있는 유명 프로젝트를 소개해주시겠어요?

깃허브의 Trending 메뉴에서 많은 사람의 관심을 받는 프로젝트를 확인할 수 있어요. 2021년 7월 기준으로 구글이 개발한 모바일 애플리케이션 SDK인 플러터, 마이크로소프트의 소스 코드 편집기인 비주얼 스튜디오 코드, 에어비엔비에서 제공하는 자바스크립트 스타일 가이드 등이 상위에 올라 있습니다. 깃허브에는 회사뿐 아니라 개인이 공개한 오픈 소스 프로젝트도 많습니다.

Q 깃과 깃허브 초보자에게 전하고 싶은 말씀이 있으신가요?

개인이든 팀이든 프로젝트를 체계적으로 관리하고, 나아가 원활히 협업할 수 있도록 노력해야 합니다. 깃&깃허브는 이를 돕는 도구죠. 도구 기능을 많이 안다는 것이 '잘 활용'한다는 것을 의미하지는 않습니다. 기능과 명령어를 왜 사용해야 하는지 이해해야 도구를 잘 활용할 수 있는 기반이 마련되겠죠. 이 책을 통해 '왜'에 대한 답을 확인하시길 바랍니다.

숫자로 보는 책의 특징

0 아무것도 몰라도 OK

초보자를 대상으로 깃과 깃허브의 필수 명령어 및 기능을 단계적으로 알려드립니다.

2 가지 시나리오 제공

프로젝트를 진행할 때 경험할 수 있는 시나리오로 이슈를 풀어가는 과정을 단계별로 체험할 수 있습니다.

★☆☆☆ 깃/깃허브 기본 기능 실습하기
★★★☆ 깃/깃허브 협업 기능 실습하기

3 단계로 익히는 깃&깃허브

1단계에서는 혼자서 깃/깃허브 사용하는 방법을 익힙니다. 2단계에서는 여럿이 협업해 프로젝트를 수행하는 방법을 다룹니다. 마지막으로 3단계에서는 실전 프로젝트를 위한 깃&깃허브를 배웁니다.

3 가지 OS별 개발 환경 구축

윈도우, 맥OS, 리눅스 개발 환경 구성 방법을 모두 제시합니다.

10 여 가지 깃허브 기능

저장소 검색, 생성, 협업자 등록, 이슈, 라벨, 프로젝트 보드, 풀 리퀘스트, 깃허브 액션 등 협업에 필요한 깃허브 핵심 기능을 알려드려요.

20 여 가지 깃 명령어

협업하는 데 꼭 필요한 깃 명령어 20여 개를 반복 학습해 손에 익혀드립니다.

이 책을 보는 방법

1 시나리오 제시

* 시나리오 장에서만 제시합니다.

2 학습 개요 안내

학습 목표와 순서, 핵심 내용을 일목요연하게 제시합니다.

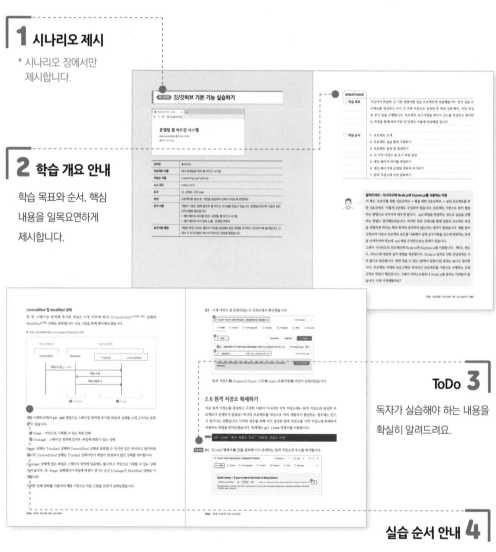

ToDo 3

독자가 실습해야 하는 내용을 확실히 알려드려요.

실습 순서 안내 4

실습 과정을 그림으로 제시해드립니다.

STEP 5

길고 복잡한 내용도 길을 잃지 않게
단계별로 안내해드립니다.

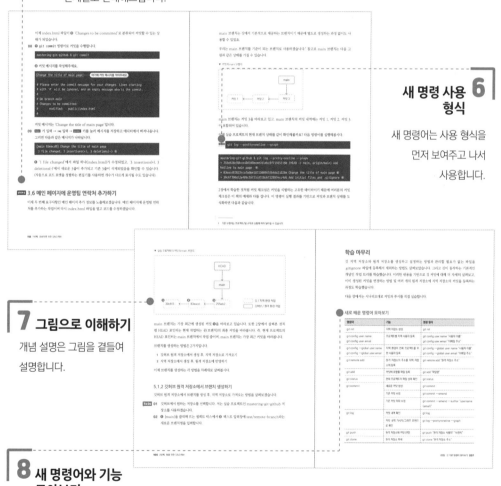

6 새 명령 사용 형식

새 명령어는 사용 형식을
먼저 보여주고 나서
사용합니다.

7 그림으로 이해하기

개념 설명은 그림을 곁들여
설명합니다.

8 새 명령어와 기능 모아보기

새로 배운 명령어와 기능을
모아서 다시 보여줍니다.

독자께 드리는 편지

 깃&깃허브 입문자께

모든 학습의 목적은 '왜'라는 질문에 스스로 답하기 위함이라고 생각합니다. 깃 명령어와 깃허브 기능을 '왜' 사용하는지 관점에서 학습해주세요.

- 추천 코스 : 0 ~ 6장
- 스킵 제안 : 7장, 8장

 깃&깃허브를 현업에서 사용하는 개발자께

입문자를 대상으로 기본 기능 설명에 초점을 맞춘 책입니다. 다소 지루하게 느껴지실 수 있으나, 신입 개발자와 협업 과정을 맞춰가는 단계에 활용하시면 좋을 것 같습니다. 아직 깃허브 액션을 경험해보지 않으신 분이라면 7장이, 커밋 이력을 조작하는 데 익숙하지 않으신 분이라면 8장이 도움이 될겁니다.

- 추천 코스 : 3 ~ 8장
- 스킵 제안 : 0 ~ 2장

다루지 않는 것

- 자바스크립트 문법 및 Node.js 기반 프로그래밍
- 운영체제별 컴퓨터 기초 사용법

이 책의 구성

이 책은 개인/팀 프로젝트 관리를 위한 깃&깃허브의 필수 기능을 설명합니다. 깃 고급 명령어 및 깃허브 고급 기능도 함께 다룹니다. 실습 프로젝트를 통해 소스 코드 관리, 이슈 등록 및 해결을 통한 협업 프로세스 등을 실습합니다. 또한, 빌드 및 배포 자동화를 위한 깃허브의 기능도 살펴봅니다. 단계적 학습을 위해 초보자, 팀, 실전 프로젝트 순서로 내용을 구성했습니다.

00장   실습 환경 구축하기

실습 환경을 설정합시다. 차근차근 따라 하면 개발 환경을 구축할 수 있어요.

1단계 초보자를 위한 깃&깃허브

깃과 깃허브를 시작할 수 있도록 돕습니다. 기본 원리 및 필요성을 이해하고, 개인이 프로젝트 기반으로 소스 코드를 관리할 때 사용하게 될 깃과 깃허브의 기본 기능을 학습합니다. 3장에서는 시나리오 기반으로 프로젝트 관리를 실습합니다.

01장   Hello 깃&깃허브

깃은 분산형 버전 관리 시스템이며 깃허브는 깃 프로젝트 호스팅 서비스입니다. 깃과 깃허브가 필요한 이유를 알아보고 간단한 실습을 합시다.

02장   깃 기본 명령어 알아보기

개인이 깃을 사용해서 프로젝트를 관리할 때 필요한 기본 명령어를 자세히 살펴봅니다. 프로젝트를 깃 저장소로 설정하고 깃으로 소스 코드 버전 관리를 할 파일과 관리하지 않을 파일을 식별해봅니다. 또한 버전 관리 대상 파일들의 상태를 확인하고 커밋을 생성한 후 원격 저장소에 푸시하는 과정도 단계적으로 알아봅니다.

03장   시나리오 깃&깃허브 기본 기능 실습하기 ★☆☆☆

지금까지 학습한 깃 기본 명령어를 실습 프로젝트에 적용해봅시다. 먼저 실습 프로젝트를

이 책의 구성

생성하고 나서 깃 지역 저장소로 설정한 후 파일 상태 확인, 커밋 작성 및 푸시 등을 수행합니다. 프로젝트 요구사항을 받아서 코드를 작성하고 관리하는 과정을 함께 따라가면 깃/깃허브 사용에 익숙해질 겁니다.

2단계 팀을 위한 깃&깃허브

팀으로 프로젝트를 관리할 때 필요한 깃과 깃허브의 기능을 학습합니다. 소스 코드뿐만 아니라 프로젝트 기반으로 팀의 일을 관리하는 기능도 함께 살펴봅니다. 6장에서는 협업 시나리오 기반으로 프로젝트 관리를 실습니다.

04장 협업을 위한 깃허브 기능 살펴보기

실제 현장에는 다양한 팀으로부터 다양한 요구사항이 쏟아집니다. 그래서 요구 사항을 관리하고 진척도를 확인하는 것 자체도 중요합니다. 깃허브에서 프로젝트 관리에 필요한 다양한 기능을 제공합니다. 이번 장에서는 깃허브의 Issues^{이슈}와 Projects$^{프로젝트\ 보드}$를 프로젝트 관리에 어떻게 활용할 수 있는지 함께 살펴보겠습니다.

05장 협업을 위한 깃 명령어 살펴보기

한 프로젝트에서 여러 명이 협업할 때 필요한 깃 명령어 사용법을 습득합시다. 각자 맡은 기능을 개발하기 전 필요한 작업 방법과 개발 완료 후 다른 사람이 만든 기능을 병합하는 방법을 다룹니다. 프로젝트는 협업의 결과물입니다. 따라서 협업을 위해 깃을 사용한다면 이번 장에서 학습할 명령어에 반드시 익숙해져야 합니다.

06장 시나리오 깃&깃허브 협업 기능 실습하기 ★★★☆

지금까지 학습한 깃/깃허브 협업 기능 및 명령어를 실제 업무에서 발생할 법한 시나리오 기반으로 실습해봅니다. 팀 프로젝트 내에 요구사항이 등록되고, 해당 요구사항이 개발되어 반영되는 과정을 실제로 따라해봅시다.

3단계 실전 프로젝트를 위한 깃&깃허브

여러 개발자가 협업하는 프로젝트에서는 소스 코드 변경 후 필요한 작업들이 있습니다. 여기에는 기준 브랜치에 반영하기 전, 품질을 보장하는 일련의 작업과 배포에 필요한 작업 등이 포함됩니다. 이런 작업을 자동화하는 깃허브 기능을 살펴봅시다. 또한, 실제 프로젝트를 진행하다 보면 이미 생성된 커밋 및 커밋 이력을 조작하는 경우도 발생합니다. 이런 상황을 위한 깃 명령어를 추가로 살펴봅시다.

07장 깃&깃허브 고급 기능 살펴보기

깃허브 고급 기능을 사용해 코드 수정 후 필요한 작업 및 배포를 자동화하는 방법을 학습합니다. 깃허브의 액션 기능을 살펴보고 적용해봅시다.

08장 커밋 이력 조작하기

지금까지 잘 따라오셨다면 깃과 깃허브를 이용한 소스 코드 버전 관리 및 협업 기능에 익숙해졌을 겁니다. 하지만 프로젝트를 진행하다보면 다양하고 복잡한 환경으로 인해 커밋 이력을 조작할 필요가 생길 수 있습니다. 여기에서는 커밋 이력을 조작하는 깃 명령어를 간단히 설명합니다.

부록 A VSCode의 기능을 이용하여 커밋하기

VSCode에서 제공하는 기능을 이용하여 깃 명령어를 직접 실행하지 않고 원격 저장소를 지역 저장소로 복제하고, 새로운 커밋을 생성하고, 다시 원격 저장소에 반영하는 일련의 과정을 학습합니다.

시나리오 소개

시나리오를 제공해 깃&깃허브에서 프로젝트를 관리하는 방법을 현장감 있게 알려드립니다.[1]

깃/깃허브 기본 기능 실습하기 ★☆☆☆

실습 프로젝트를 생성하고 나서 깃 지역 저장소로 설정한 후 파일 상태 확인, 커밋 작성 및 푸시 등을 수행합니다.

깃/깃허브 협업 기능 실습하기 ★★★☆

팀 프로젝트 내에 요구사항이 등록되고, 해당 요구사항이 개발되어 반영되는 과정을 실제로 따라해봅시다.

---

1 프로젝트 특성에 따라 일부 단계를 생략하기도 합니다.

목차

1 단계   초보자를 위한 깃&깃허브   037

목차

2 단계　　　　팀을 위한 깃&깃허브　　　　127

04 협업을 위한 깃허브 기능 살펴보기　129

목차

00

실습 환경 구축하기

☐ **학습 목표**	실습 환경을 설정합시다. 차근차근 따라 하면 개발 환경을 구축할 수 있어요.
☐ **학습 순서**	**1** 깃허브 가입하기 **2** 깃 설치하기 **3** 비주얼 스튜디오 코드 설치하기
☐ **코드 실행** **환경 안내**	이 책은 다음과 같은 실습 환경을 사용합니다. 소프트웨어는 지속적으로 업데이트 되기 때문에 버전이 상이하면 UI가 달라지거나 다르게 동작할 수 있습니다. • 비주얼 스튜디오 코드 : 버전 1.53 이상 • 깃 : 버전 2.3X.X

실습 환경 안내

1 터미널 : 윈도우는 Git Bash, 맥OS와 리눅스는 터미널을 명령어 입력에 사용해주세요. 이 책에서는 통칭해서 터미널로 부릅니다.

2 프롬프트 : 프롬프트는 터미널에서 명령을 대기하는 모드입니다. 일반적으로 '사용자 @호스트이름 : 작업중인디렉터리전체경로 $' 형식 등으로 표시됩니다. 이 책은 표시되는 글자 수를 줄이고 현재 경로를 명확히 하고자 '현재 경로 + %' 조합으로 프롬프트를 표시합니다.

3 기본 브랜치 : 최근 깃은 메인 브랜치명을 master가 아닌 main 혹은 다른 브랜치명을 사용할 수 있도록 기능을 추가했습니다. 또한 깃허브는 메인 브랜치명을 master에서 main으로 변경했습니다. 이 책은 최신 깃과 깃허브를 기준으로 작성되었습니다. 따라서 최신 기능을 제공하기 전의 깃 버전을 사용하면 이 책을 실습하는 데 문제가 발생할 수 있습니다. 이 책의 설치 과정을 제대로 따라 하면 기본 브랜치명이 main으로 설정됩니다.

0.1 깃허브 가입하기

깃허브에 가입해서 계정을 생성해봅시다.

깃허브 가입 생성

To Do **01** 깃허브 홈페이지(github.com)에 접속합니다.

02 [가입] 혹은 [Sign up]을 클릭해 회원 가입을 합니다.

03 가입 정보를 입력하세요. ❶ 이메일 주소, 비밀번호, 사용자 이름, 깃허브 소식을 받을지 여부를 차례대로 입력합니다. ❷ 사람이 가입하는지 확인하는 [Start puzzle]을 클릭하세요.

04 퍼즐 맞추기에 성공하면 다음과 같은 화면을 확인할 수 있습니다. [Create account] 버튼을 클릭하세요.

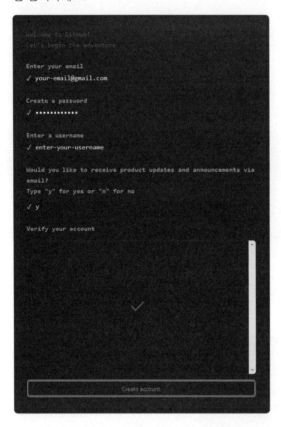

05 그러면 다음과 같은 이메일 인증 요청 화면이 나타납니다. 가입할 때 기입한 이메일 계정에 접속하여 인증 코드를 확인한 뒤, 화면에 입력하여 가입을 완료하세요.

06 깃허브 홈페이지에서 로그인해보세요.

> **Tip** 가입할 때 입력한 username을 이용하여 깃허브 개인 페이지에 곧바로 접속할 수도 있습니다. 깃허브 개인 페이지 주소 형식은 다음과 같습니다.
>
> • https://github.com/{Username}

축하합니다. 이제 깃허브 가입 및 계정 생성을 완료했습니다.

0.2 깃 설치하기

각자 컴퓨터에 깃을 설치합니다. 깃 설치 후 정상적으로 설치가 완료되었는지 확인합니다. 다루는 내용은 다음과 같습니다.

- 깃 설치
- 깃 설치 확인

윈도우, 맥OS, 리눅스에 설치하는 방법을 다룹니다. 사용하는 운영체제에 맞게 설치하기 바랍니다.

> **Tip** 깃 다운로드 페이지에서 본인의 운영체제를 선택하면 각 운영체제에 맞는 설치 방법을 확인할 수 있습니다. 깃 설치 후 윈도우는 Git Bash에서, 리눅스는 터미널에서 동일하게 깃 버전 확인 명령어(git --version)를 입력하여 정상적으로 설치되었는지 확인할 수 있습니다.

0.2.1 윈도우에 깃 설치하기

To Do **01** 깃 홈페이지(git-scm.com/downloads)에 접속합니다.

02 [Download 2.32.0 for Windows]를 클릭해 실행 파일을 다운로드합니다(버전은 설치 시점에 따라 상이할 수 있습니다).

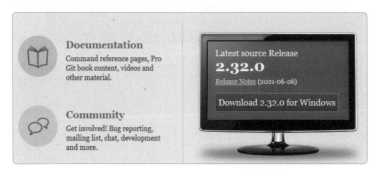

03 내려받은 설치 파일을 실행합니다. 다음 화면과 같이 기본 설정으로 [Next]를 클릭합니다.

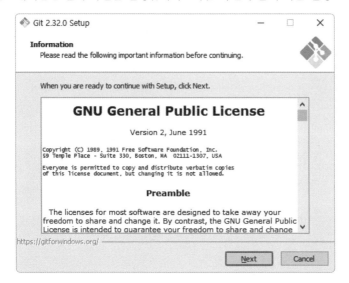

04 이어지는 세 화면에서 기본 설정으로 [Next]를 클릭합니다.

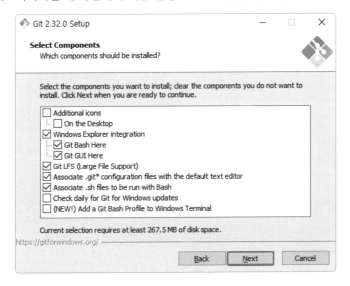

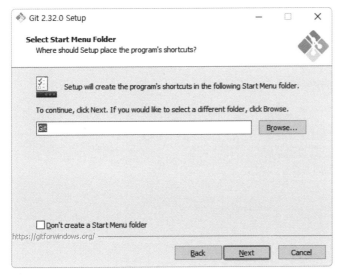

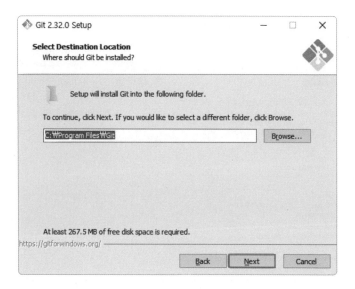

05 Choosing the default editor used by Git 화면에서 ❶ [Use Vim (the ubiquitous text editor) as Git's default editor] 설정으로 되어있는지 확인하세요. 이 책에서는 깃 사용 시 에디터로 vi/vim을 사용합니다. ❷ [Next]를 클릭합니다.

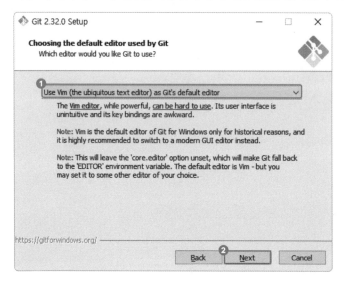

06 Adjusting the name of the initial branch in new repositories 화면에서 ❶ [Override the default branch name for new repositories]를 클릭하여 ❷ 기본 브랜치 이름을 main으로 설정합니다. ❸ [Next]를 클릭합니다.

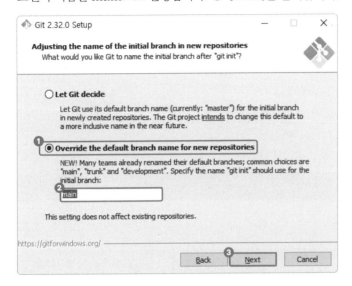

07 이 후에 기본값으로 설치를 진행해, 설치 완료 화면이 보이면 ❶ [View Release Notes] 선택을 해제하고 → ❷ [Finish] 버튼을 누릅니다(현재 릴리스 노트를 구체적으로 확인할 필요가 없기 때문에 [View Release Notes] 선택을 해제했습니다).

깃 설치 완료를 축하합니다. 이제 0.3.1절로 이동하여 소스 코드 편집기인 비주얼 스튜디오 코드를 설치합시다.

0.2.2 리눅스에 깃 설치하기

리눅스 배포판 중에서 데비안/우분투에 설치하는 방법을 알아보겠습니다. 다른 배포판은 다음 링크에서 확인해주세요.

- http://git-scm.com/download/linux

To Do 01 터미널 창에 sudo apt-get update를 입력하여 최신 패키지 정보를 받습니다.

```
sudo apt-get update
```

02 apt-get install 명령으로 깃을 설치합니다.

```
sudo apt-get install git
```

03 설치가 끝나면 git --version 명령으로 설치를 확인합니다.

```
git --version
```

04 마지막으로 깃의 기본 브랜치 이름을 main으로 설정합니다(브랜치는 5장 '협업을 위한 깃 명령어 살펴보기'에서 다룹니다).

```
git config --global init.defaultBranch main
```

깃 설치 완료를 축하합니다. 이제 0.3.2절로 이동하여 소스 코드 편집기인 비주얼 스튜디오 코드를 설치합시다.

0.2.3 맥OS에 깃 설치하기

공개된 깃 오픈 소스를 직접 빌드하여 설치할 수도 있지만, 이미 깃 공식 페이지에서 운영체제별 설치 프로그램을 제공하므로 해당 프로그램을 이용하겠습니다.

To Do **01** 깃 다운로드 페이지(git-scm.com/downloads)에 접속합니다.

02 [Download 2.31.0 for Mac]을 클릭합니다(버전은 설치 시점에 따라 상이할 수 있습니다).

다음과 같은 화면이 등장합니다.

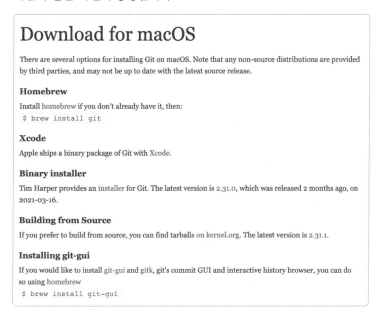

맥OS 환경에 깃을 설치하는 방법은 다음과 같이 다양합니다.

- Homebrew : 맥OS 패키지 관리자인 Homebrew로 깃을 설치합니다.
- Xcode : 애플에서 제공하는 맥OS 통합 개발 환경인 Xcode 설정을 통해 깃을 설치합니다.
- Binary installer : 설치 파일로 깃을 설치합니다.
- Building from source : 소스 파일을 직접 빌드하여 깃을 설치합니다.

맥OS 환경에서 일반적으로 Homebrew를 사용하여 깃을 설치합니다. 그래서 Homebrew 를 이용해 설치하겠습니다.

03 내 컴퓨터에서 터미널을 실행합니다. 터미널은 Spotlight(맥OS의 우측 상단 바의 돋보기 아이콘)를 실행한 후 terminal을 입력하여 실행할 수 있습니다.

04 Homebrew 설치 명령어를 입력합니다.

```
/bin/bash -c "$(curl -fsSL https://raw.githubusercontent.com/Homebrew/
install/master/install.sh)"
```

맥OS 패키지 관리자인 Homebrew에 대한 자세한 내용은 brew.sh/index_ko 페이지를 참고해주세요.

05 Homebrew가 정상적으로 설치되었는지 다음 명령어를 입력하여 확인합니다.

```
brew --version
```

06 Homebrew가 정상적으로 설치되었으니 이제 Homebrew를 이용하여 깃 설치 명령어를 입력합니다.

```
brew install git
```

07 이제 깃이 정상적으로 설치되었는지 다음 명령어를 입력하여 확인합니다.

```
git --version
```

08 마지막으로 깃의 기본 브랜치 이름을 main으로 설정하기 위해 다음 명령어를 실행합니다. 브랜치에 대해서는 5장 협업을 위한 깃 명령어 살펴보기에서 다룹니다.

```
git config --global init.defaultBranch main
```

깃 설치 완료를 축하합니다. 이제 0.3.3절로 이동하여 소스 코드 편집기인 비주얼 스튜디오 코드를 설치합시다.

0.3 비주얼 스튜디오 코드 설치하기

소스 코드 편집기인 비주얼 스튜디오 코드를 설치합시다. 이하 VSCode로 부르겠습니다. 리눅스, 맥OS, 윈도우 운영체제를 지원합니다. 자신의 운영체제에 맞게 설치해주세요.

0.3.1 윈도우에 VSCode 설치하기

To Do **01** 비주얼 스튜디오 코드 다운로드 페이지(code.visualstudio.com/download)에 접속합니다.

02 [Windows] 버튼을 클릭해 내려받습니다.

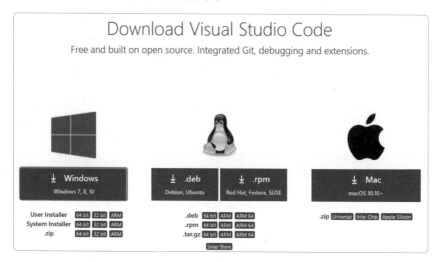

03 내려받은 설치 파일을 클릭하여 실행합니다.

04 [동의합니다(A)] 버튼을 눌러 사용자 계약을 수락한 뒤 모든 옵션을 기본 설정으로 설치합니다.

05 마지막 설치 완료 화면에 [Visual Studio Code] 체크박스가 체크되어 있을 겁니다. [종료 (F)] 버튼을 눌러 실행합니다.

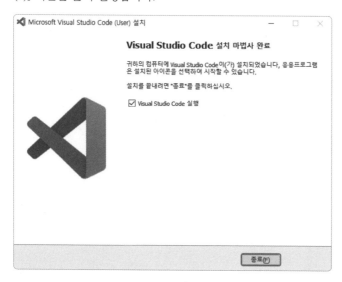

이상으로 비주얼 스튜디오 코드 설치를 마쳤습니다.

0.3.2 리눅스에 VSCode 설치하기

To Do **01** 비주얼 스튜디오 코드 다운로드 페이지(code.visualstudio.com/download)에 접속합니다.

02 [.deb]을 클릭합니다. 레드햇 계열은 [.rpm]을 클릭하세요.

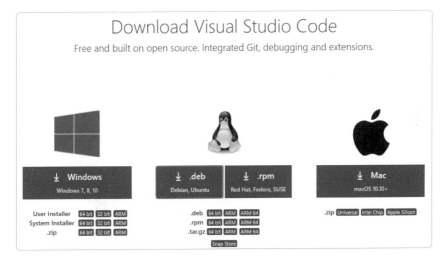

03 창이 뜨면 [Save File]을 클릭해 다운로드합니다.

04 다운로드가 완료되면 다운로드 폴더에서 해당 파일을 더블 클릭하여 기본 설정으로 설치합니다.

05 설치가 완료되면 🔳 격자무늬 어플리케이션 아이콘을 클릭하여 검색창에 'visual studio code'를 입력하여 설치가 됐음을 확인합니다.

06 비주얼 스튜디오 코드를 클릭하여 실행합니다. 잘 실행되면 설치가 완료된 겁니다.

이상으로 비주얼 스튜디오 코드 설치를 마쳤습니다.

0.3.3 맥OS에 VSCode 설치하기

To Do **01** 비주얼 스튜디오 코드 다운로드 페이지(code.visualstudio.com/download)에 접속합니다.

02 우측 [Mac] 버튼을 클릭합니다.

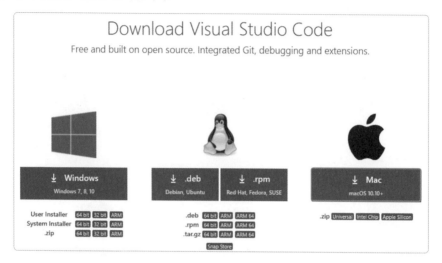

03 내려받은 VSCode-darwin-stable.zip 압축 파일을 해제합니다. 압축을 해제하면 다음 그림과 같이 비주얼 스튜디오 코드 실행 파일을 확인할 수 있습니다.

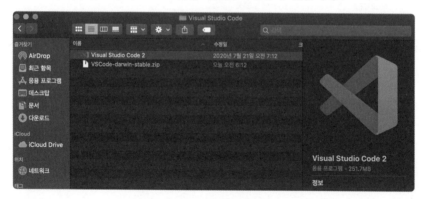

04 비주얼 스튜디오 코드 실행 파일을 즐겨찾기(좌측 사이드바)의 응용 프로그램에 드래그 앤 드롭합니다. 응용 프로그램에서 비주얼 스튜디오 코드를 클릭해 정상적으로 실행되는지 확인합니다.

여기까지 실행했다면 비주얼 스튜디오 코드 설치를 완료한 것입니다. 축하합니다.

학습 마무리

이번 장에서는 깃과 깃허브를 사용하는 데 필요한 환경을 설치했습니다. 깃허브에 나의 계정을 생성하고, 내 컴퓨터에 깃을 설치했습니다. 또한, 직접 코드를 작성할 수 있는 비주얼 스튜디오 코드도 함께 살펴보았습니다.

깃과 깃허브를 시작할 수 있도록 돕습니다. 기본 원리 및 필요성을 이해하고, 개인이 프로젝트 기반으로 소스 코드를 관리할 때 사용하게 될 깃과 깃허브의 기본 기능을 학습합니다. 3장에서는 시나리오 기반으로 프로젝트 관리를 실습합니다.

Start

단계

1

초보자를 위한 깃&깃허브

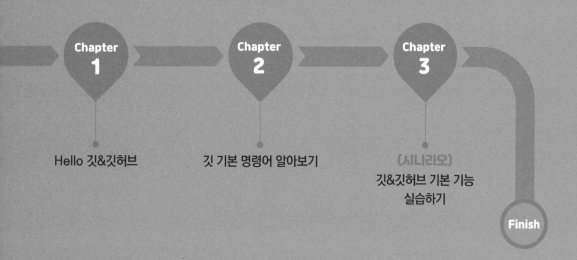

Chapter 1

Hello 깃&깃허브

Chapter 2

깃 기본 명령어 알아보기

Chapter 3

(시나리오)
깃&깃허브 기본 기능
실습하기

Finish

Hello 깃&깃허브

☐ 학습 목표	깃은 분산형 버전 관리 시스템이며 깃허브는 깃 프로젝트 호스팅 서비스입니다. 깃과 깃허브가 필요한 이유를 알아보고 간단한 실습을 합시다.
	깃 명령어는 CLI^{Command Line Interface} 환경과 GUI^{Graphical User Interface} 환경에서 모두 수행할 수 있습니다. 깃 명령어를 직접 키보드로 입력하며 익숙해지도록 이 책에서는 CLI 환경을 사용합니다. 이번 장을 통해 깃과 깃허브의 개념과 환경에 익숙해집시다(GUI 환경에서 사용법은 부록 A ' VSCode의 기능을 이용하여 커밋하기'를 확인해주세요).
☐ 학습 순서	1 버전 관리 이해하기
	2 깃/깃허브 이해하기
	3 깃허브 둘러보기
	4 비주얼 스튜디오 코드 둘러보기
	5 생애 첫 커밋하기

1.1 버전 관리 이해하기

깃과 깃허브를 알아보기에 앞서 소스 코드의 버전 관리 필요성과 버전 관리 시스템^{version control system}을 알아봅시다.

1.1.1 버전 관리 필요성

시도 때도 없이 PC, 스마트폰 앱, 게임 등이 업데이트됩니다. 다음 그림처럼 업데이트할 때 버전명과 추가 기능이나 수정된 버그를 확인할 수 있습니다.

▼ 소프트웨어 업데이트 예시(맥OS)

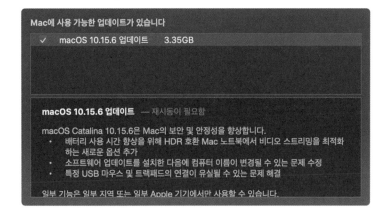

앱 서비스를 종료하지 않는 이상 업데이트는 벗어날 수 없는 숙명과 같습니다. 빈번한 업데이트를 체계적으로 관리하려면 소스 코드에 언제, 어떤 변화가 있었는지 기록하고 추적하는 버전 관리가 필요합니다.

1인 사업체의 경우 개발자 혼자서 서비스를 구현해 배포하는 경우도 있으나, 대개 둘 이상의 개발자가 함께 개발합니다. 즉, 한 프로젝트에서 여러 개발자가 동시에 많은 기능을 추가하고 코드를 변경합니다. 그러다 보면 소스 코드 파일을 둘 이상이 수정하여 의도하지 않게 코드가 덮어써지는 충돌이 발생하기도 합니다. 이렇게 복잡한 상황을 체계적으로 관리하려면 버전 관리 시스템이 필요합니다.

▼ 동일한 소스 코드 파일을 수정해 충돌이 일어나는 경우

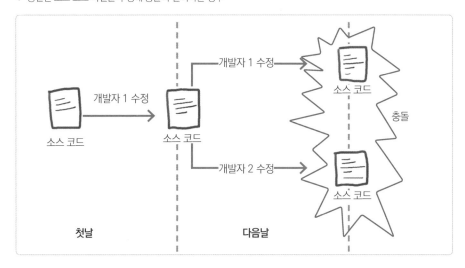

1.1.2 버전 관리 시스템

여러 개발자가 한 프로젝트에서 소스 코드를 추가하고 변경하는 상황을 생각해봅시다. 작은 규모는 물론이고 규모가 큰 프로젝트일수록 동일한 소스 코드 파일을 둘 이상의 개발자가 동시에 수정하는 일이 빈번히 발생할 겁니다. 수작업으로 버전을 관리하면 제대로 관리되지 않을 거라는 건 불 보듯 뻔합니다.

체계적으로 소스 코드 변경을 관리하고 추적하려면 버전 관리 시스템이 필요합니다. 버전 관리 시스템을 이용하면 각 개발자가 원하는 시점에 버전을 지정하고 동료에게 공유할 수 있으며, 특정 버전으로 자유롭게 이동할 수 있습니다.

이 책에서는 분산형 버전 관리 시스템distributed version control system을 다룹니다. 분산형 버전 관리 시스템에서 원격 저장소(서버)는 각 개발자(클라이언트)의 소스 코드와 버전 이력을 동기화하는 역할을 합니다. 즉, 각 개발자는 최신 버전의 소스 코드뿐만 아니라 모든 버전 이력을 얻을 수 있습니다. 이러한 환경에서는 원격 저장소가 동작하지 않거나 원격 저장소의 소스 코드에 접근할 수 없는 문제가 생겨도 각 개발자의 소스 코드와 버전 이력을 활용해 최신 버전을 복구할 수 있습니다.

깃은 가장 많이 사용되는 분산형 버전 관리 시스템입니다. 깃허브는 깃을 이용하여 관리하는 프로젝트의 원격 저장소 역할을 수행하는 웹 호스팅 서비스입니다.

▼ 버전 관리 시스템

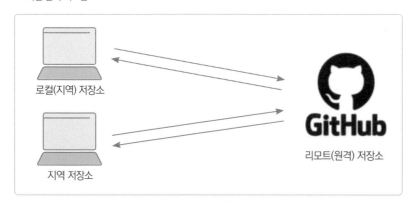

버전 관리 시스템과 깃/깃허브의 기본 개념을 살펴봤으니 이어서 더 자세히 알아봅시다.

1.2 깃/깃허브 이해하기

깃과 깃허브가 제공하는 기능과 특징을 살펴보며 한 발짝 더 다가가 봅시다. 깃과 깃허브를 차례대로 알아보겠습니다.

1.2.1 깃 알아보기

분산형 버전 관리 시스템인 깃은 리눅스 커널을 개발한 리누스 토르발스가 리눅스 커널 개발에 참여했던 다른 개발자들과 함께 2005년에 개발했습니다. 처음 개발은 리누스 토르발스가 시작했지만, 유지보수는 주니오 하마노가 담당하고 있습니다.

깃은 모든 소스 코드가 공개된 오픈 소스입니다. 리눅스, 맥OS, 윈도우 운영체제를 지원합니다.

▼ 깃허브에 공개된 깃 소스 코드

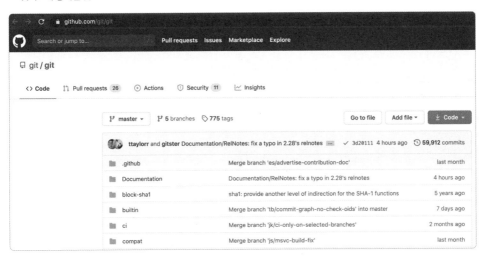

분산형 버전 관리 시스템인 깃의 기능과 장점은 수없이 많습니다. 그중에서 여러 개발자가 한 프로젝트를 협업할 때 장점만 추리면 다음과 같이 3가지를 들 수 있습니다.

▼ 깃 장점

❶ 이력 기록 및 추적

깃은 누가, 언제, 어떤 파일을, 어떻게 수정했는지 변경 이력을 기록합니다. 상세 이력이 기록되기 때문에 프로젝트에서 발생한 문제를 해결하는 데 도움이 됩니다.

❷ 원격 저장소 및 공유

서버 역할을 하는 원격 저장소와 각 개발자의 지역 저장소에 깃은 소스 코드를 분산 저장합니다. 소스 코드뿐만 아니라 모든 변경 이력을 분산 저장하기 때문에 원격 저장소에 문제가 생겨도 지역 저장소를 이용하여 복원할 수 있습니다.

❸ 변경 이력 병합

프로젝트를 진행하면 각 개발자가 다른 기능을 개발하더라도 동일한 소스 코드 파일을 변경하는 일이 빈번합니다. 깃은 하나의 소스 코드 파일에 대한 여러 변경 이력을 통합하는 기능을 제공합니다.

1.2.2 깃허브 알아보기

깃허브는 깃 프로젝트를 지원하는 2008년 시작된 호스팅 서비스입니다. 깃 기반의 많은 오픈 소스 프로젝트가 깃허브에 공개되었습니다. 페이스북에서 개발한 자바스크립트 라이브러리인 리액트^{React}, 구글에서 개발한 머신러닝 라이브러리인 텐서플로우^{TensorFlow} 역시 깃허브에서 찾아볼 수 있습니다. 깃허브는 2018년 마이크로소프트에 인수되면서 다양한 기능이 추가되었습니다.

이 책에서 집중할 장점은 다음과 같습니다.

❶ 호스팅 서비스

깃을 이용해 프로젝트를 진행하려면 원격 저장소가 필요합니다. 원격 저장소를 제공할 별도의 서버를 구축할 수도 있지만 관리 측면에서 번거로운 작업입니다. 직접 원격 저장소를 구축하는 대신에 깃허브의 호스팅 서비스를 이용할 수 있습니다.

❷ 공개 및 비공개 저장소

깃허브에서는 공개public 저장소와 비공개private 저장소를 제공합니다. 공개 저장소에 올리면 소스 코드가 누구에게나 공개되고, 비공개 저장소에 올리면 제한된 인원에게만 공개됩니다. 이전에는 비공개 저장소를 이용하려면 조건에 따라 비용을 지불해야 했지만, 2020년 4월 14일부터 개인 계정personal account과 팀 계정organization account 모두 무료로 이용할 수 있게 되었습니다.

❸ 고급 기능

깃허브는 깃 프로젝트 저장소 역할 외에도 다양한 기능을 제공합니다. 깃허브 액션GitHub action과 깃허브 디플로이먼트 APIGitHub deployment API를 이용하면 빌드 및 배포 자동화를 구성할 수도 있고(3단계 '실전 프로젝트를 위한 깃&깃허브' 참조), 프로젝트 보드project boards를 이용해 협업 프로젝트를 관리할 수 있습니다(2단계 '팀을 위한 깃&깃허브' 참조).

1.3 깃허브 둘러보기

0장에서 이미 깃허브 가입 및 계정 생성을 완료했습니다. 다음으로 깃허브 페이지의 기본적인 내용을 살펴보겠습니다.

1.3.1 메인 페이지 살펴보기

깃허브 메인 페이지 및 개인 페이지의 기본 내용을 살펴봅시다.

To Do **01** ❶ 깃허브(github.com)에 접속해 로그인합니다(다음은 저장소가 하나도 없을 때 보이는 화면입니다). 깃허브에 등록된 공개 저장소를 검색하는 ❷ 검색창과 ❸ 저장소를 만드는 [Create repository] 버튼이 보입니다.

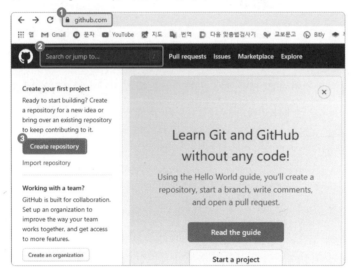

02 우선 검색창을 먼저 살펴보겠습니다. 우리는 깃이 깃허브에 공개된 오픈 소스라는 사실을 이미 알고 있습니다. 검색창에 git을 입력해 깃 소스 코드 저장소를 확인해봅시다(각자 관심 있는 오픈 소스를 검색해보세요).

03 다시 메인 페이지로 돌아와서 **01**번 그림에서 ❸ [Create repository] 버튼을 클릭합니다. 그러면 다음과 같이 원격 저장소 생성 페이지가 나타납니다.

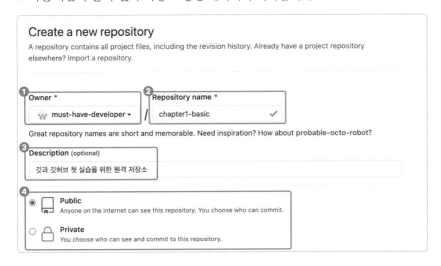

원격 저장소 생성 페이지의 기본적인 내용은 다음과 같습니다.

❶ Owner : 원격 저장소의 소유주를 의미합니다. 개인 계정 혹은 팀 계정으로 지정할 수 있습니다.

❷ Repository name : 원격 저장소의 이름을 지정합니다. 한 계정 내에서 중복된 저장소 이름은 사용할 수 없습니다.

❸ Description : 생성하는 원격 저장소에 대한 간략한 설명을 작성합니다.

❹ Public, Private : 원격 저장소를 공개 저장소로 생성할지 비공개 저장소로 생성할지 선택합니다.

실습을 진행할 때 직접 원격 저장소를 생성해보며 다시 살펴보겠습니다.

1.3.2 개인 페이지 살펴보기

개인 페이지의 기본적인 내용을 살펴보겠습니다.

To Do **01** 브라우저 주소창에 github.com/{Username}을 입력하거나, ❶ 메인 페이지의 '우측 상단 아이콘' → ❷ [Your profile]을 클릭하여 접근합니다.

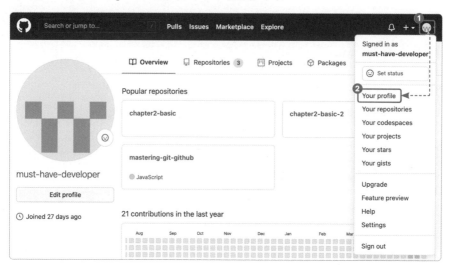

개인 페이지에 접근하면 다음과 같은 화면을 확인할 수 있습니다.

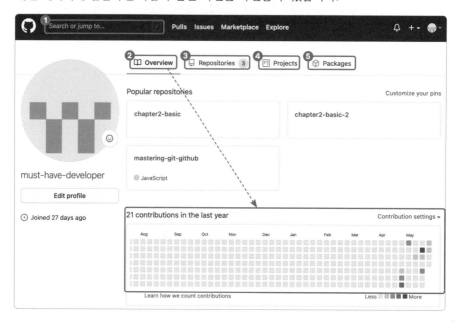

❶ [검색창]에서는 메인 페이지와 동일하게 깃허브에 등록된 공개 저장소를 검색할 수 있습니다. 한 가지 다른 점은 개인 페이지의 검색창에서 검색 시 로그인한 사용자의 깃허브 저장소 검색을 우선으로 수행한다는 점입니다. 개인 페이지에서 검색 시 아래 화면처럼 검색어 앞에 유저 이름이 자동으로 설정됩니다.

❷ Overview : 깃허브 원격 저장소에 대해 개인이 얼마나 많은 활동을 했는지 보여줍니다. 특정 저장소에 커밋을 남기거나 이슈 및 풀 리퀘스트를 등록하면 해당 활동에 반영됩니다. 앞으로 꾸준히 깃허브 저장소에 활동을 남겨 회색 칸을 녹색 칸으로 채워나가길 바랍니다.

❸ Repositories : 개인이 생성한 원격 저장소를 확인할 수 있는 탭입니다. 내가 만든 공개 및 비공개 저장소를 모두 확인할 수 있습니다.

❹ Projects : 해야 하는 작업을 정의하고 우선순위를 지정 및 관리하는 도구입니다. 전반적인 로드맵, 릴리스를 위한 체크리스트 관리 등을 수행할 수 있습니다. 4장 '협업을 위한 깃허브 기능 살펴보기'에서 알아봅니다.

❺ Packages : 자바스크립트의 패키지 관리자인 npm처럼 깃허브를 통해 내가 만든 소스 코드를 패키지로 만들고 관리할 수 있도록 돕는 도구입니다.

1.4 비주얼 스튜디오 코드 둘러보기

마이크로소프트에서 제공하는 소스 코드 편집기인 비주얼 스튜디오 코드^{Visual Studio Code}는 문법 강조, 버그 추적 및 코드 자동 완성 등의 기능을 제공합니다. 또한 소스 코드 작성에 필요한 대부분 기능이 무료입니다. 보통 VSCode로 줄여 부릅니다. 이 책에서도 VSCode로 부르겠습니다.

먼저 VSCode의 기본 기능을 살펴보겠습니다.

▼ VSCode 기본 화면

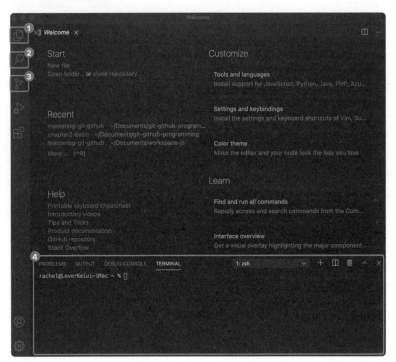

❶ 📁 : 폴더 및 파일 구조를 확인할 수 있는 탐색기입니다. 보통 진행 중인 프로젝트 폴더 단위
로 VSCode를 열고 프로젝트 내의 폴더 및 파일 구조를 확인하는 데 사용됩니다.

❷ 🔍 : 검색창입니다. VSCode를 통해 열려 있는 모든 파일을 대상으로 검색할 수 있습니다.
일반 텍스트 검색 외에 정규 표현식을 통한 검색도 수행할 수 있습니다.

❸ ⑂ : 깃과 연동해 소스 코드 버전 관리를 하는 기능을 제공합니다. 어떤 파일이 수정되었고,
어떤 파일에서 충돌이 일어났는지 등을 확인할 수 있습니다.

❹ 터미널입니다. VSCode 내에서 제공하는 터미널을 사용하면 화면을 이동하면서 작업을 진
행할 필요가 없습니다. 하지만 윈도우에서 제공하는 기본 터미널은 맥OS/리눅스와 명령이
다릅니다. 따라서 윈도우 사용자는 Git Bash를 사용해주세요.

이제 깃과 깃허브를 이용하여 생애 첫 커밋을 생성하고 확인해봅시다.

1.5 생애 첫 커밋하기

필요한 환경을 모두 설정하고 둘러보았으니, 이제 간단한 실습을 해보며 깃과 깃허브에 한 발짝 더 다가가 봅시다. 이번 절에서 실행하는 깃 명령어의 사용법은 2장 '깃 기본 명령어 알아보기'에서 더 자세히 살펴봅니다. 가벼운 마음으로 이번 실습을 즐겨봅시다.

다루는 내용은 다음과 같습니다.

1 지역 저장소에 커밋 생성하기
2 원격 저장소에 커밋 등록하기

STEP 1 1.5.1 지역 저장소에 커밋 생성하기

내 컴퓨터에 깃 지역 저장소를 생성하고 커밋을 만들어보겠습니다. 지역 저장소를 생성할 때 원하는 경로를 지정해도 되고, 책과 동일하게 실습하고 싶은 분은 이 책의 경로와 동일하게 지정해도 됩니다.

To Do **01** 원하는 위치에 이 책에서 사용할 루트 디렉터리(git-github-programming)와 루트 디렉터리 하위에 1장 실습 디렉터리(chapter1-basic)를 만듭니다.

02 VSCode를 사용해 생성한 지역 저장소를 엽니다. VSCode 상단 메뉴에서 ❶ [File] → ❷ [Open...]을 클릭합니다(윈도우에서는 ❶ [File] → ❷ [Open Folder...]를 클릭합니다). 그리고 나서 ❸ 팝업창에서 방금 생성한 폴더(chapter1-basic)를 선택하면 됩니다.

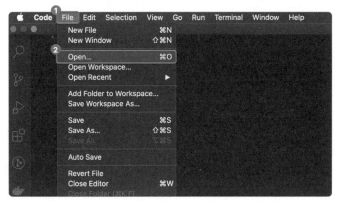

우리 책은 VSCode 1.53 버전을 사용하고 있습니다. 하지만 1.57 이상의 최신 버전을 사용한다면 파일을 열 때 다음 그림과 같이 신뢰할 수 있는 파일인지 묻는 알림창을 확인할

수 있습니다. ❶ [Trust the authors of all files in the parent folder 'git-github-programming']을 체크하여 이 책의 실습 루트 디렉터리를 신뢰한다고 체크합니다. 그 후 ❷ [Yes, I trust the authors] 버튼을 클릭합니다.

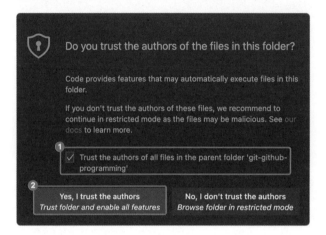

03 터미널을 실행해 **cd** 명령으로 작업 폴더(chapter1-basic)로 이동합니다(윈도우 사용자라면 탐색기에서 chapter1-basic 폴더로 이동 → 마우스 우클릭 → [💎 Git Bash Here]를 선택한 후 이 후 과정을 진행해도 됩니다). chapter1-basic 폴더에서 **git init** 명령어를 입력하여 깃 지역 저장소로 지정합니다.

```
chapter1-basic % git init
Initialized empty Git repository in /Users/rachel/Documents/git-github-
programming/chapter1-basic/.git/
```

'Initialized empty Git repository in {프로젝트 경로}/.git'이라는 문구가 출력됩니다. 지금은 '아, .git 폴더가 생성됐으니 이 프로젝트는 깃으로 소스 코드 버전 관리가 되겠구나' 정도로 생각하시면 됩니다.

04 **git config** 명령어를 입력하여 깃 지역 저장소에 사용자를 등록합니다.

```
chapter1-basic % git config user.name "must-have-developer"
chapter1-basic % git config user.email "must.have.developer@gmail.com"
```

이때 "must-have-developer"와 "must.have.developer@gmail.com" 대신에 여러분의 정보를 입력하면 됩니다(사용자 이름과 이메일 주소는 각각 깃허브 계정의 Username, Email과 동일해야 합니다).

이제 새로운 파일을 하나 생성한 후, 내용을 작성해봅시다.

05 VSCode 탐색기에서 ❶ 📄 아이콘을 클릭 → ❷ README.md를 입력해 README.md 파일을 생성합니다.

06 생성한 파일에 ❶ '깃과 깃허브 첫 실습'이라고 입력 후 ❷ 저장합니다.

> **Tip** README.md라는 파일을 생성했습니다. 확장자 .md는 마크다운(Markdown) 형식의 파일을 의미합니다. 마크다운 파일에서는 간단한 마크다운 문법 구조를 이용해 들여쓰기, 글꼴, 헤더 등을 표현할 수 있습니다.
> 또한, 깃허브 원격 저장소에 README.md 파일을 생성하면 해당 원격 저장소의 메인 페이지로 작동합니다. 이러한 이유로 프로젝트에 대한 설명, 설치 방법 등을 설명하는 데 README.md 파일을 사용합니다.

새로운 파일을 생성하고 수정했으니, 새로운 커밋을 만들 차례입니다.

07 터미널에서 `git add` 명령어를 실행하여 README.md 파일을 커밋에 포함될 파일로 등록합니다.

```
chapter1-basic % git add README.md
```

커밋에 포함될 파일 등록을 완료했습니다. 이제 새로운 커밋을 생성하겠습니다.

08 `git commit` 명령어로 새로운 커밋을 생성합니다.

```
chapter1-basic % git commit -m "저장소 설명 추가"
[main (root-commit) a28d857] 저장소 설명 추가
 1 file changed, 1 insertion(+)
 create mode 100644 README.md
```

이때 `-m` 옵션은 생성하는 커밋의 메시지를 작성하는 기능을 제공합니다.

09 `git log` 명령어로 커밋이 잘 생성되었는지 한 번 더 확인합시다.

```
chapter1-basic % git log
commit a28d85793288107e62c700f1be16c4771c1cb8e5 (HEAD -> main)
Author: must-have-developer <must.have.developer@gmail.com>
Date:   Wed May 26 17:13:18 2021 +0900

    저장소 설명 추가
```

위와 같은 결과가 출력되면 성공입니다.

축하합니다. 여기까지 지역 저장소에 새로운 커밋 생성을 완료했습니다. 이제 생성된 커밋을 원격 저장소에 등록해봅시다.

STEP 2 1.5.2 원격 저장소에 커밋 등록하기

내 컴퓨터의 지역 저장소에 커밋을 생성했으니 이제 원격 저장소에 생성된 커밋을 등록해봅시다. 깃허브 페이지에서 새로운 원격 저장소를 생성하는 것으로 시작하겠습니다.

To Do **01** 깃허브 페이지에 접속하여 우측 상단의 ❶ ➕ → ❷ [New repository]를 선택하여 원격 저장소 생성 페이지로 이동합니다.

02 다음 그림처럼 원격 저장소 생성에 필요한 정보(❶ 저장소 이름과 ❷ 설명)를 기입한 후 ❸ [Create repository] 버튼을 클릭합니다.

원격 저장소와 지역 저장소의 이름이 같을 필요는 없지만 이해하기 쉽도록 지역 저장소의 이름과 동일하게 'chapter1-basic'으로 입력합니다. 참고로 원격 저장소 생성 후 저장소 이름은 다음 그림과 같이 저장소 설정 페이지에서 수정할 수 있습니다.

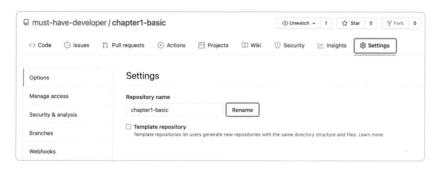

03 다음 그림을 참고하여 표시된 버튼을 클릭 후 생성된 원격 저장소의 주소를 복사합니다.

지역 저장소의 커밋을 원격 저장소에 등록하려면 원격 저장소의 주소를 지역 저장소에 알려
줄 필요가 있습니다. 지역 저장소에 원격 저장소를 등록합시다.

04 터미널에서 ❶ git remote add origin을 입력하고 그 뒤에 ❷ 복사한 원격 저장소 주소를
붙여넣고 ❸ enter를 쳐서 실행합니다.

```
chapter1-basic % git remote add origin https://github.com/must-have-
developer/chapter1-basic.git
```

> **Tip** 원격 저장소의 주소를 등록할 때 사용한 origin은 특정 원격 저장소를 식별하는 이름입니다(즉 원격 저장소의 이
> 름). 지역 저장소 하나에 여러 원격 저장소를 등록할 수 있습니다. 다른 이름으로 정해도 되지만 일반적으로 origin을
> 사용합니다. 이 책에서는 지역 저장소 하나에 여러 원격 저장소를 등록할 일이 없기 때문에 origin을 계속 사용합니다
> (2.5.4절 '커밋 무시하기' 참조).

지역 저장소에서 생성한 커밋을 원격 저장소에 등록해봅시다.

05 git push origin main 명령어로 지역 저장소에서 생성한 커밋을 원격 저장소에 등록합
니다. origin은 리모트 저장소 이름, main은 리모트 저장소의 브랜치 이름이다.

```
chapter1-basic % git push origin main
Enumerating objects: 3, done.
Counting objects: 100% (3/3), done.
Writing objects: 100% (3/3), 282 bytes | 282.00 KiB/s, done.
Total 3 (delta 0), reused 0 (delta 0), pack-reused 0
To https://github.com/must-have-developer/chapter1-basic.git
 * [new branch]      main -> main
```

깃허브 인증 방식 변경 : 깃허브 계정 패스워드를 통한 인증 방식을 중단

이 책을 통해 깃과 깃허브를 처음 설치하고 사용하는 분이라면 패스트워 입력을 요구받을 수 있습니다. 깃허브는 2021년 8월 13일 부터 깃허브 계정 패스워드를 통한 인증 방식을 중단했습니다.[1] 즉 깃허브 계정을 생성할 때 만들었던 패스워드로 깃 명령어 사용에 대한 인증을 할 수 없다는 의미입니다. 그래서 우리는 깃허브에서 제공하는 개인용 액세스 토큰을 발급받아 해당 토큰을 패스워드로 사용해야 합니다. 토큰은 깃허브 [Settings] → [Developer] [settings] →[Personal access tokens] 메뉴에서 발급받을 수 있습니다.

토큰 생성 시 우리 책에서 다루는 내용을 제대로 실습하려면 Select scopes 항목에서 [repo]와 [workflow]를 꼭 선택해야 합니다. 이렇게 생성한 토큰을 인증 패스워드로 사용하시면 됩니다. 자세한 내용은 아래 링크를 참고해주세요.

- 깃허브 개인용 액세스 토큰 발급 방법 : https://docs.github.com/en/github/authenticating-to-github/keeping-your-account-and-data-secure/creating-a-personal-access-token

---

1 깃허브 인증 방식 변경 공지 : https://github.blog/2020-12-15-token-authentication-requirements-for-git-operations

06 원격 저장소 페이지에 접속하여 커밋이 성공적으로 등록되었는지 확인합니다. 정상적으로 커밋이 등록되었다면 다음 그림처럼 커밋 이력을 확인할 수 있습니다.

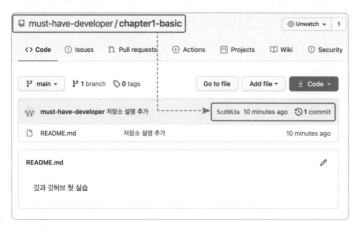

앞서 이야기한 것처럼 README.md 파일은 원격 저장소의 메인 페이지 역할을 합니다. 작성한 README.md 파일의 내용이 메인 페이지에 노출되면 제대로 커밋을 등록한 겁니다.

참고로 원격 저장소 페이지 주소는 다음 형식입니다.

- github.com/{Username}/{Repository name}

축하합니다! 첫 실습을 수행해 깃과 깃허브에 한 발짝 더 다가갔습니다.

학습 마무리

버전 관리 시스템과 깃/깃허브를 이해하고, 깃과 깃허브를 이용하여 지역 저장소에서 커밋을 생성한 후 원격 저장소에 커밋을 등록하는 기본적인 실습을 진행했습니다.

실습 과정에 사용했던 깃 기본 명령어는 다음 장에서 더 자세히 알아봅니다. 아울러 깃허브에 등록된 커밋도 더 자세히 살펴보겠습니다.

깃 기본 명령어
알아보기

☐ 학습 목표	개인이 깃을 사용해서 프로젝트를 관리할 때 필요한 기본 명령어를 자세히 살펴봅니다. 프로젝트를 깃 저장소로 설정하고 깃으로 소스 코드 버전 관리를 할 파일과 관리하지 않을 파일을 식별해봅니다. 또한 버전 관리 대상 파일들의 상태를 확인하고 커밋을 생성한 후 원격 저장소에 푸시하는 과정도 단계적으로 알아봅니다.
☐ 학습 순서	1 깃/깃허브 소스 관리 기본 흐름
	2 지역 저장소 생성하기
	3 환경 설정하기
	4 파일 상태 확인하기
	5 커밋 생성 후 푸시하기
	6 원격 저장소 복제하기

2.1 깃/깃허브 소스 관리 기본 흐름

다음 그림은 깃/깃허브에서 소스 코드 흐름을 보여줍니다.

▼ 깃/깃허브 소스 관리 기본 흐름

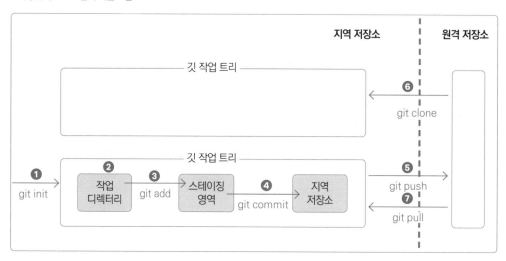

크게 보면 소스 코드는 다음과 같이 두 가지 흐름을 갖게 됩니다(그림에 대한 상세 설명은 2.4.1 절 '깃 작업 트리' 참조).

  1 지역 저장소 → 깃허브(원격 저장소)
  2 깃허브(원격 저장소) → 지역 저장소

지역 저장소 → 깃허브(원격 저장소)

지역 저장소에 새 프로젝트를 생성했다고 합시다. ❶ git init 명령어로 해당 프로젝트를 깃 지역 저장소로 지정합니다. ❷ 파일을 수정하고 ❸ git add 명령어로 수정한 파일을 스테이징 영역 staging area 으로 옮기고 ❹ git commit으로 지역 저장소 local repository에 저장하게 되죠. 이렇게 지역 저장소에서 발생한 변경 내역을 ❺ git push 명령어로 원격 저장소에 반영합니다.

깃허브(원격 저장소) → 지역 저장소

이미 깃허브에 올려진 프로젝트 전체를 ❻ git clone 명령어로 지역 저장소에 내려받거나(2.6절 '원격 저장소 복제하기' 참조) 혹은 일부 변경 사항만 ❼ git pull 명령어로 내려받을 수 있습니다(5장 '협업을 위한 깃 명령어 살펴보기' 참조).

이제부터 이런 일련의 소스 파일 관리 기본 흐름을 하나하나 배워봅시다.

2.2 지역 저장소 생성하기

프로젝트를 깃 지역 저장소로 설정하고, 이때 생성되는 .git 폴더를 알아보겠습니다. 이미 1장에서 간단한 실습으로 경험한 내용이지만 이번 장에서는 한 번 더 실습하며 각 명령어를 자세히 알아보겠습니다.

다루는 내용은 다음과 같습니다.

  1 깃 지역 저장소 설정
  2 .git 폴더

2.2.1 깃 지역 저장소 설정

깃 지역 저장소는 init 명령으로 설정합니다.

명령어 `git init`

To Do **01** 깃 저장소 초기화부터 다시 실습하기 위해 새로운 chapter2-basic 폴더를 생성합니다.
02 git init 명령어를 실행합니다. 그러면 깃 지역 저장소로 설정됩니다.

```
chapter2-basic % git init
Initialized empty Git repository in /Users/{username}/Documents/git-github-
programming/chapter2-basic/.git/
```

'Initialized empty Git repository in …' 메시지를 확인했다면 깃 지역 저장소로 설정된
겁니다. .git는 숨겨진 폴더입니다(폴더명 앞에 점이 붙어 있으면 숨겨진 폴더입니다). .git
폴더 내부를 살펴보고 싶으신 분들은 숨김 폴더 및 파일 목록을 함께 보여주는 ls -a 명령어
를 사용하여 .git 폴더를 확인합니다.

```
chapter2-basic % ls -a
.        ..        .git
```

2.2.2 .git 폴더 확인

앞에서 git init 명령어를 이용하여 일반 프로젝트를 깃 지역 저장소로 설정했습니다. 이 말은
해당 프로젝트를 깃 지역 저장소로 관리하는 정보가 어딘가에 있다는 뜻입니다. 바로 그 정보가
담긴 곳이 .git 숨김 폴더입니다. ls -l 명령어로 .git 폴더 내의 파일 및 폴더 목록을 확인해봅
시다.

```
chapter2-basic % cd .git
.git % ls -l
total 24
-rw-r--r--   1 rachel  staff    23  4 22 16:11 HEAD
-rw-r--r--   1 rachel  staff   137  4 22 16:11 config
-rw-r--r--   1 rachel  staff    73  4 22 16:11 description
drwxr-xr-x  14 rachel  staff   448  4 22 16:11 hooks
```

```
drwxr-xr-x  3 rachel  staff   96  4 22 16:11 info
drwxr-xr-x  4 rachel  staff  128  4 22 16:11 objects
drwxr-xr-x  4 rachel  staff  128  4 22 16:11 refs
```

깃 지역 저장소에서 관리하는 파일, 브랜치, 설정 정보 등이 담겨 있습니다. .git 폴더 내의 파일
및 폴더를 사람이 직접 수정할 일은 거의 없습니다. 깃 명령어를 이용하여 작업할 때 깃에 의해 자
동으로 관리됩니다.

2.2.3 git init 취소

특정 프로젝트를 깃 지역 저장소로 관리하고 싶지 않거나 처음부터 다시 깃 지역 저장소로 지정하
고 싶을 수 있습니다. 이때 기존 `git init`을 취소해야 합니다. 방법은 매우 간단합니다. 바로 .git
숨김 폴더를 삭제하면 됩니다. 터미널을 이용해 삭제하는 경우 아래 명령어를 통해 .git 숨김 폴더
를 삭제할 수 있습니다.

명령어
```
rm -rf .git
```

2.3 환경 설정하기

깃 지역 저장소에 사용자 정보를 등록하고, 등록한 사용자 정보가 어떻게 저장되어 있는지 확인합
시다. 또한 깃 원격 저장소를 설정하고 깃으로 관리할 필요가 없는 파일 및 폴더를 정의해봅시다.

다루는 내용은 다음과 같습니다.

1 사용자 등록
2 깃 설정 파일 확인
3 깃 원격 저장소 설정
4 .gitignore 파일 설정

2.3.1 사용자 등록

다음 명령어를 이용하여 생성한 깃 지역 저장소의 사용자 정보를 등록합니다. 한 프로젝트를 대상으로 여러 개발자가 작업할 수 있기 때문에 현재 작업하는 개발자가 누구인지 등록하는 과정입니다(사용자 이름과 이메일 주소는 앞에서 생성한 깃허브 계정의 Username, Email과 동일해야 합니다).

명령어
```
git config user.name "사용자 이름"
git config user.email "이메일 주소"
```

To Do **01** 사용자를 등록합니다.

```
chapter2-basic % git config user.name "must-have-developer"
chapter2-basic % git config user.email "must.have.developer@gmail.com"
```

현재 깃 지역 저장소에만 해당하는 사용자 정보를 등록했지만, 모든 프로젝트에 적용될 사용자 정보를 등록하고 싶다면 **--global** 옵션을 사용합니다.

명령어
```
git config --global user.name "사용자 이름"
git config --global user.email "이메일 주소"
```

Tip 한 컴퓨터에서 여러 계정을 사용할 일이 없다면 --global 옵션을 사용해서 입력하세요. 그러면 모든 프로젝트에서 동일한 사용자 정보로 사용할 수 있어 편리합니다.

Tip 저처럼 한 컴퓨터에서 회사 프로젝트와 개인 프로젝트를 동시에 진행한다면 프로젝트마다 지역 사용자 정보를 등록하여 사용하세요.

2.3.2 깃 설정 파일 확인

앞에서 깃 저장소에 사용자 정보를 등록했습니다. 그렇다면 깃은 어딘가에 저장된 설정 정보를 참고할 텐데 그 장소는 어디일까요? 바로 .git 폴더 안의 config 파일입니다.

현재 프로젝트 경로를 기준으로 터미널에서 `cat .git/config` 명령어를 실행하여 config 파일 내용을 살펴봅니다.

`cat .git/config`

```
chapter2-basic % cat .git/config
[core]
        repositoryformatversion = 0 ❶
        filemode = true ❷
        bare = false ❸
        logallrefupdates = true ❹
        ignorecase = true ❺
        precomposeunicode = true ❻
[user]
        name = must-have-developer
        email = must.have.developer@gmail.com
```

core와 user 섹션으로 구성되어 있습니다. core는 깃이 파일을 감지하는 방법, 캐싱하는 방법 등 깃의 동작을 제어하는 설정이 저장되어 있고, user 섹션에는 사용자 정보가 저장되어 있습니다.

core 섹션의 몇 가지 설정 내용을 함께 살펴봅니다.

❶ repositoryformatversion

현재 깃 저장소의 형식 및 버전을 식별하기 위해 내부적으로 사용되는 변수입니다.

❷ filemode

깃 저장소에 포함된 파일 모드의 변경 감지 여부를 설정합니다. 예를 들어 파일시스템이 다른 윈도우와 리눅스에서 동시에 작업하는 깃 저장소 파일이라면 실제 코드를 변경하지 않았는데도 변경된 파일이라고 표시될 수 있습니다. 파일 모드의 변경을 무시하고 싶다면 'filemode = false'로 설정하세요.

❸ bare

현재 깃 저장소가 코드를 변경하고 작업하는 용도가 아닌 현재까지 작업을 복사하는 용도라면 'bare = true'로 설정하세요. 보통 원격 중앙 저장소를 만드는 데 사용하며, 이 책에서는 사용할 일이 없습니다.

❹ logallrefupdates

깃 명령어를 통해 수행되는 작업 내역을 기록하는 reflog를 활성화합니다. git reflog 명령어를 통해 기록된 작업 내역을 확인할 수 있습니다.

⑤ ignorecase

대소문자 구분 여부를 설정하는 값입니다. 기본값은 true로 대소문자를 구분하지 않습니다.

⑥ precomposeunicode

맥OS로 깃 저장소를 작업할 때 사용할 수 있는 설정입니다. 맥OS의 유니코드 정규화 방식이 달라서 파일명이 한글일 때 깃에서 해당 파일을 인식하지 못하는 문제가 발생할 수 있습니다. 이때 'precomposeunicode = true'로 설정하면 해당 문제를 해결할 수 있습니다.

깃 저장소에서 작업할 때 core 섹션의 설정을 변경할 일은 많지 않습니다. 이 책에서는 깃 저장소에 기본으로 설정되어 있는 값으로 진행하겠습니다. 기본 설정값은 개인 환경에 따라 달라질 수 있습니다. 책과 값이 다를 수 있으나 실습을 진행하는 데 문제는 없습니다.

2.3.3 깃 원격 저장소 설정

깃 지역 저장소에 원격 저장소를 설정하는 방법은 이미 1.5.2절 '원격 저장소에 커밋 등록하기'에서 다뤘습니다. 3장에서 한 번 더 같은 설정을 진행하지만, 각 장에서 다루는 원격 저장소가 다르고, 이 책의 목적이 반복하며 익숙해지게 만드는 데 있으므로 여기서도 다시 한번 저장소 설정을 진행하겠습니다.

To Do **01** 원격 저장소를 설정하려면 우선 깃허브에서 새로운 저장소를 생성해야 합니다. **❶** github.com에 접속해 로그인 → **❷** 우상단 +기호를 좌클릭 → **❸** 팝업에서 [New repository]를 선택합니다.

02 프로젝트 이름인 **❶** [Repository name] 항목에 chapter2-basic이라고 넣고 → 나머지 항목을 기본값으로 유지한 채 **❷** [Create repository] 버튼을 눌러 저장소를 생성합니다.

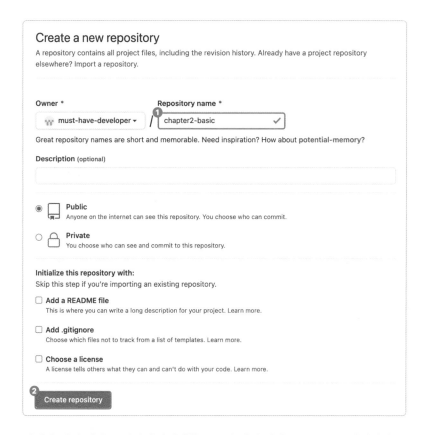

03 생성한 원격 저장소 페이지에서 □를 눌러 원격 저장소 주소를 복사합니다.

04 터미널을 실행해 cd 명령으로 chapter2-basic 폴더로 이동합니다.

05 **git remote add origin** 명령어를 실행해 원격 저장소 주소를 깃 지역 저장소에 등록합니다. 명령 형식은 다음과 같습니다.

명령어
```
git remote add origin {복사한 원격 저장소 주소}
```

```
chapter2-basic % git remote add origin \
https://github.com/must-have-developer/chapter2-basic.git
```

06 설정 파일을 확인해볼까요? 터미널에서 **cat .git/config** 명령어를 실행해봅시다.

```
chapter2-basic % cat .git/config
[core]
        repositoryformatversion = 0
        filemode = true
        bare = false
        logallrefupdates = true
        ignorecase = true
        precomposeunicode = true
[user]
        name = must-have-developer
        email = must.have.developer@gmail.com
[remote "origin"]
        url = https://github.com/must-have-developer/chapter2-basic.git
        fetch = +refs/heads/*:refs/remotes/origin/*
```

앞에서 확인했던 config 파일과는 다르게 [remote "origin"] 섹션이 추가되어 있습니다. 이렇게 깃 지역 저장소에 설정하는 내용들은 .git 폴더의 config 파일에 추가되어 깃이 사용합니다. 이것으로 깃 지역 저장소에 원격 저장소 설정을 마쳤습니다.

2.3.4 .gitignore 파일 설정

특정 프로젝트에서 생성되는 모든 파일의 버전을 깃으로 관리할 필요가 있을까요? 예를 들어 로그 파일 혹은 빌드 결과 파일 등은 개발자가 직접 수정할 일이 없고, 프로젝트 버전 관리용으로도 필요 없습니다. 따라서 깃으로 관리할 필요가 없습니다. .gitignore 파일을 이용해 이런 파일들을 깃이 무시하도록 만들 수 있습니다.

To Do **01** .gitignore 파일을 chapter2-basic 프로젝트의 최상위 경로에 생성합니다. 다음은 VSCode에서 생성하는 그림입니다. 원하는 방식으로 생성하세요.

02 ❶ gitignore 파일을 (원하는 편집기로) 열어 로그 파일과 외부 패키지들이 설치되는 node_modules/ 폴더를 깃으로 관리하지 않겠다고 지정합니다. ❷ 그리고 저장합니다.

```
.gitignore
# Logs
logs
*.log
npm-debug.log*

# Dependency directories
node_modules/
```

폴더 말고 개별 파일도 지정할 수 있습니다. 프로젝트를 진행하면서 깃으로 관리할 필요가 없는 파일이 생길 때마다 해당 .gitignore 파일에 추가하면 됩니다. .gitignore 파일에 포함된 파일은 수정이 일어나도 깃에서 변경된 파일이라고 알려주지 않습니다.

참고로 .gitignore 파일에 명시하는 경로는 .gitignore 파일 경로에 상대적이기 때문에 이를 주의해서 작성해야 합니다.

Tip .gitignore 파일에서 #은 주석 기호입니다. #으로 시작하는 줄은 주석으로써 .gitignore 파일의 동작에는 영향을 주지 않고 설명 목적으로 사용됩니다.

Tip .gitignore 파일 사용에 익숙해졌다면, 개발 환경에 맞게 기본적인 .gitignore 파일을 생성해주는 gitignore.io와 같은 도구를 활용해도 좋습니다.

2.4 파일 상태 확인하기

깃으로 관리하는 파일 상태를 이해하려면 깃 작업 트리working tree 개념을 알아야 합니다. 깃 작업 트리를 제대로 이해하면 깃으로 관리하는 파일의 현재 상태를 더 잘 이해할 수 있으니까요!

다음과 같은 내용을 알아봅시다.

1 깃 작업 트리
2 깃으로 파일 상태 확인

2.4.1 깃 작업 트리

깃은 관리하는 프로젝트의 작업을 효율적으로 처리하는 작업 트리라는 개념을 사용합니다. 작업 트리란 깃이 추적(관리)하는 파일과 추적하지 않는 파일을 구분하고, 추적하는 파일들의 상태를 구분 짓는 영역이라고 생각하면 됩니다. 깃 작업 트리 내용들은 .git 숨김 폴더 안에서 관리됩니다.

▼ 깃 작업 트리

깃 작업 트리에는 크게 3가지 영역이 존재합니다.

❶ 작업 디렉터리Working Directory : 실제 작업 중인 파일들이 존재하는 영역입니다. 파일을 생성하거나 기존 파일을 수정한다면 이는 작업 중인 파일을 의미합니다.

❷ 스테이징 영역Staging Area : 작업 디렉터리에서 작업 중인 파일 중 깃이 추적하는 파일들을 식별하는 영역입니다. 실제로는 .git 숨김 폴더 내부의 index 파일에서 추적하는 파일들을 식별하고 있습니다.

❸ 지역 저장소Local Repository : 스테이징 영역에서 추적되는 파일이 커밋으로 등록되는 영역입니다. 즉, 스테이징 영역의 파일 혹은 파일들이 하나의 변경 단위인 커밋으로 등록되는 과정입니다.

▼ 깃 명령어와 함께 보는 깃 작업 트리

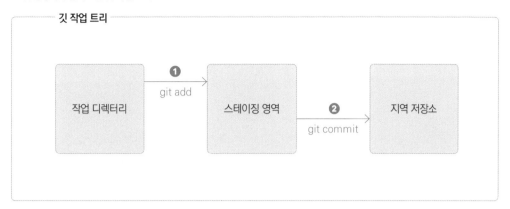

그림에서처럼 깃 작업 트리는 깃 명령어에 따라 동작합니다. 작업 디렉터리에서 작업 중인 파일을
❶ git add 명령어를 이용하여 스테이징 영역에 추적하는 파일로 등록하고, 스테이징 영역에서
식별된 파일을 ❷ git commit 명령어를 이용하여 지역 저장소에 등록하게 됩니다.

2.4.2 깃으로 파일 상태 확인

깃 작업 트리에서 관리하는 영역을 살펴보았으니 이제 파일 상태에 따른 변화도 살펴보겠습니다.

Untracked 및 Tracked 상태

깃에서 관리하는 파일은 Untracked^{추적하지 않는}와 Tracked^{추적하는} 상태로 나뉩니다. 현재 작업 진
행 중인 작업 디렉터리에서 새로 생성된 파일은 Untracked 상태가 됩니다. 주의할 점은 한 번
Tracked 상태가 되었다가 작업 디렉터리에서 수정된 파일은 Untracked 상태가 아니라는 점입
니다. 이 부분은 차차 더 설명하도록 하겠습니다. 여기서는 작업 디렉터리에서 새로 생성된 파일
은 Untracked 상태라는 것만 인지하면 됩니다.

▼ 깃 작업 트리와 파일의 Untracked 및 Tracked 상태

.gitignore 파일을 기억하시죠? 깃으로 관리할 필요가 없는 파일들을 지정하는 .gitignore 파일을 생성한 후 깃과 관련된 어떠한 명령어도 실행하지 않았습니다.

To Do 01 git status 명령어를 실행하여 프로젝트의 현재 파일 상태를 확인합니다.

명령어 `git status`

```
chapter2-basic % git status
On branch main

No commits yet

Untracked files:
  (use "git add <file>..." to include in what will be committed)
        .gitignore

nothing added to commit but untracked files present (use "git add" to track)
```

.gitignore 파일이 Untracked files 상태입니다. 앞서 이야기한 것처럼 .gitignore 파일은 현재 작업 진행 중인 작업 디렉터리에서 새로 생성한 파일이기 때문에 Untracked 상태로 존재하는 겁니다.

02 .gitignore 파일을 `git add` 명령어로 커밋에 포함될 파일로 등록하면 파일 상태가 tracked 상태로 변경됩니다.

명령어
```
git add "파일명"
```

> **Tip** 폴더를 통째로 올리고 싶다면 해당 폴더의 상위 폴더에서 다음을 실행하세요.

명령어
```
git add "폴더이름"
```

❶ .gitignore 파일을 add하고 ❷ `git status`를 살펴보면 다음과 같습니다.

```
chapter2-basic % git add .gitignore
chapter2-basic % git status
On branch main

No commits yet

Changes to be committed:
  (use "git rm --cached <file>..." to unstage)
        new file:   .gitignore
```

`git add` 명령어를 이용하여 .gitignore 파일을 커밋 대상으로 등록하고, `git status` 명령어를 이용하여 파일 상태를 다시 확인해보니 결과가 바뀌었습니다. Changes to be committed는 해당 파일이 깃에서 관리하는 파일인 Tracked 상태뿐만 아니라 스테이징 영역에서 커밋으로 기록될 준비가 되어있다는 뜻입니다.

> **Tip** git add를 수행할 때 여러 파일을 선택하기 원하는 경우 해당 파일 이름을 나열하면 됩니다.

> **Tip** git add 명령어 실행할 때 다음과 같은 경고 문구가 보일 수도 있습니다.

```
warning: LF will be replaced by CRLF in .gitignore.
```

이 경고는 운영체제마다 개행문자를 인식하는 방법이 달라서 발생합니다. 해당 경고를 무시해도 실습을 진행하는 데 문제는 없지만, 경고 문구를 보고 싶지 않다면 터미널에서 다음 명령어를 실행하세요. 이 명령어를 통해 경고 문구 없이 깃이 자동으로 처리하도록 설정할 수 있습니다.

명령어
```
git config core.autocrlf true
```

Unmodified 및 Modified 상태

한 번 스테이징 영역에 추가된 파일은 수정 여부에 따라 Unmodified^{수정되지 않은} 상태와 Modified^{수정된} 상태로 분류됩니다. 다음 그림을 함께 확인해보겠습니다.

▼ 파일 수정 여부에 따른 Unmodified 및 Modified 상태

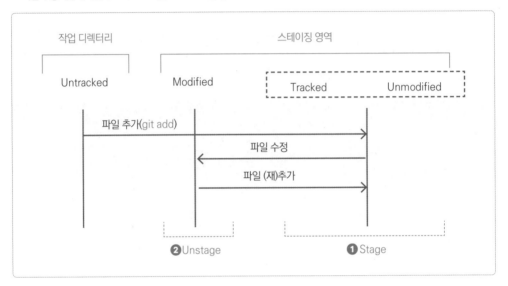

작업 디렉터리에서 `git add` 명령으로 스테이징 영역에 추가된 파일의 상태를 크게 2가지로 분류할 수 있습니다.

- ❶ Stage : 커밋으로 기록할 수 있는 최종 상태
- ❷ Unstage : 스테이징 영역에 있지만, 파일에 변화가 있는 상태

Stage 상태는 Tracked 상태와 Unmodified 상태로 분류할 수 있지만 같은 의미라고 생각하면 됩니다. Unmodified 상태는 Tracked 상태이면서 파일이 변경되지 않은 상태를 의미합니다.

Unstage 상태에 있는 파일은 스테이지 영역에 있음에도 불구하고 커밋으로 기록할 수 있는 상태가 아닙니다. 즉, Stage 상태였다가 파일에 변경이 생기는 순간 Unstage인 Modified 상태로 이전됩니다.

이러한 상태 변화를 사용자의 행동 기반으로 다음 그림을 보면서 살펴보겠습니다.

❶ 현재 프로젝트에서 새로운 파일을 생성하고 내용을 작성합니다. 작업 디렉터리의 Untracked 상태가 됩니다. ❷ git add 명령어를 이용하여 파일을 등록합니다. 스테이징 영역의 Tracked 및 Unmodified 상태로 이전합니다. ❸ 해당 파일에 코드 한 줄을 추가했습니다. 파일이 변경된 것이죠. 여전히 스테이징 영역에 존재하지만 Tracked 및 Modified 상태로 이전합니다. ❹ 코드 추가가 완료되어 다시 git add 명령어로 해당 파일을 재등록합니다. Tracked 및 Unmodified 상태로 이전됩니다.

지금까지 깃에서 관리하는 파일의 영역과 상태를 살펴보았습니다. 깃에서 관리하는 파일의 영역과 상태에 익숙해지고 싶다면 git status 명령어를 자주 실행하고 출력 결과를 이해하는 습관을 들이기 바랍니다.

2.5 커밋 생성 후 푸시하기

깃에서 변경 이력을 기록하는 커밋을 자세히 살펴봅시다. 커밋을 생성하는 과정과 커밋을 생성한 후 상세 내용을 살펴보고, 깃 원격 저장소에 커밋을 등록하는 푸시를 알아봅니다.

다루는 내용은 다음과 같습니다.

  1 커밋 생성하기
  2 커밋 이해하기
  3 커밋 수정하기
  4 커밋 푸시하기

2.5.1 커밋 생성하기

파일을 수정 후 `git add` 명령어로 스테이징 영역에 등록했다면 커밋을 생성할 차례입니다.

커밋은 `git commit` 명령어로 실행합니다. 1장에서 `git commit -m` 명령어 처럼 커밋 메시지를 간단하게 입력하는 -m 옵션을 사용했습니다. 하지만 작업 내용에 따라 커밋 메시지를 더 자세하게 작성해야 하는 경우라면 -m 옵션 없이 `git commit` 명령어 실행해주세요. 그러면 에디터 화면에서 충분한 메시지를 작성할 수 있습니다.

명령어 `git commit`

To Do **01** 커밋 명령어를 실행합니다.

```
chapter2-basic % git commit
```

그러면 다음과 같은 화면이 자동으로 뜰 겁니다. 바로 커밋 내용을 작성하는 에디터 화면입니다.

```
# Please enter the commit message for your changes. Lines starting
# with '#' will be ignored, and an empty message aborts the commit.
#
# On branch main ❶
#
# Initial commit
#
# Changes to be committed: ❷
#       new file:   .gitignore
```

#으로 시작하는 줄은 커밋 메시지에 반영되지 않습니다. ❶ On branch main라는 메시지는 현재 커밋으로 기록하는 브랜치가 main이라는 의미합니다(브랜치는 5장에서 자세히 살펴봅니다). ❷ Changes to be committed 메시지를 보면 새로운 파일인 .gitignore 파일이 현재 커밋에 추가되었다는 사실을 알 수 있습니다.

02 ❶ i를 입력합니다. 그러면 입력 모드로 전환되고 터미널 내용 하단처럼 -- INSERT -- 표시가 나타납니다. 이제 직접 커밋 메시지를 작성할 수 있다는 의미입니다.

> **Tip** i는 현재 깃이 사용하고 있는 vi/vim 편집기에서 문자 입력 단축키입니다.

```
Add .gitignore file         추가한 커밋 문구

# Please enter the commit message for your changes. Lines starting
# with '#' will be ignored, and an empty message aborts the commit.
#
# On branch main
#
# Initial commit
#
# Changes to be committed:
#       new file:   .gitignore



-- INSERT --
```

❷ 작업한 내용을 기록하고 → esc 키 입력 → :wq 입력 → enter 키를 눌러 해당 커밋 메시
지를 저장합니다.

Tip :wq는 vi/vim 편집기에서 변경 내용을 저장 후 종료하는 단축키입니다. w는 저장/작성(write), q는 종료
(quit)를 의미입니다.

```
Add .gitignore file

# Please enter the commit message for your changes. Lines starting
# with '#' will be ignored, and an empty message aborts the commit.
#
# On branch main
#
# Initial commit
#
# Changes to be committed:
#       new file:   .gitignore



:wq
```

그러면 다음과 같은 화면이 보일 겁니다.

```
[main (root-commit) 336ab58] Add .gitignore file
 1 file changed, 7 insertion(+) ❶
 create mode 100644 .gitignore
```

❶ 메시지는 커밋에서 파일 하나를 수정했고 일곱 줄을 추가했다는 뜻입니다.

03 정말 그런지 커밋한 파일(여기서는 .gitignore)을 열어 확인해봅시다.

```
# Logs
logs
*.log
npm-debug.log*

# Dependency directories
node_modules/
```

커밋 로그에 대한 자세한 내용은 다음 절에서 다루겠습니다.

2.5.2 커밋 이해하기

`git log` 명령어로 현재 작업하는 브랜치의 커밋 로그를 확인할 수 있습니다(브랜치란 특정 기능을 독립적으로 개발하는 용도의 공간이라고 생각하면 됩니다).

깃에는 HEAD라는 특별한 포인터가 존재합니다. HEAD 포인터는 현재 작업하는 브랜치의 최종 커밋을 가리킵니다. HEAD → main은 HEAD 포인터가 main 브랜치를 가리키고 있다는 의미인데 5장에서 브랜치를 다룰 때 더 깊게 살펴보겠습니다. 여기에서는 현재 작업의 최종 커밋을 가리키는 HEAD라는 포인터가 존재한다는 사실만 기억합시다.

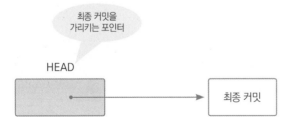

이제 커밋 로그를 확인하는 깃 명령어의 다양한 옵션과 커밋 로그를 상세히 살펴보겠습니다.

git log

커밋 로그를 조회하는 가장 기본적인 명령어입니다. 프로젝트에서 어떤 작업들이 이루어졌는지 작업 이력을 확인하는 데 사용됩니다.

명령어 `git log`

```
chapter2-basic % git log
❶ commit 336ab5841afe80de6312eac14b39d76a65532f7d (HEAD -> main)
❷ Author: must-have-developer <must.have.developer@gmail.com>
❸ Date:    Tue Sep 29 05:42:46 2020 +0700

❹        Add .gitignore file
```

❶ 커밋 체크섬을 나타냅니다. 체크섬은 커밋을 식별하는 고유한 데이터 단위입니다. 커밋에 포함된 파일 내용 및 디렉터리 구조를 이용하여 체크섬을 계산하고, 모든 커밋은 고유의 체크섬을 갖고 있습니다. HEAD 포인터가 main 브랜치를 가리키고 있습니다.

❷ 커밋을 작성한 저자의 이름과 이메일 주소입니다.

❸ 커밋을 작성한 날짜와 시간입니다.

❹ 커밋 메시지를 보여줍니다.

이제부터 커밋 로그를 확인하는 `git log`의 다양한 옵션을 알아보겠습니다.

git log -p

-p 옵션은 patch의 약자입니다. 해당 옵션은 파일 단위에서 변경 내용을 보여줍니다.

명령어 `git log -p`

```
chapter2-basic % git log -p
commit 336ab5841afe80de6312eac14b39d76a65532f7d (HEAD -> main)
Author: must-have-developer <must.have.developer@gmail.com>
Date:    Tue Sep 29 05:42:46 2020 +0700

        Add .gitignore file
```

```
diff --git a/ .gitignore b/ .gitignore
new file mode 100644
index 0000000..3e63d9f
--- /dev/null
+++ b/ .gitignore
@@ -0,0 +1,7 @@
+# Logs
+logs
+*.log
+npm-debug.log*
+
+# Dependency directories
+node_modules/
\ No newline at end of file
```

해당 커밋에 포함된 파일의 변경 내용이 잘 보이는군요.

git log -p 명령어는 git log --patch와 완전히 동일한 결과를 출력합니다.

명령어 `git log --patch`

git log -[숫자]

git log 명령어에 **-{숫자}** 옵션을 지정해주면 최근 몇 개의 커밋을 보여줄지 지정하게 됩니다. 예를 들어 git log -2를 입력하면 최근 커밋 로그 2개를 보여줍니다.

명령어 `git log -{숫자}`

현재 커밋을 하나만 생성했으니 -1 옵션을 주고 조회해봅시다.

```
chapter2-basic % git log -1
commit 336ab5841afe80de6312eac14b39d76a65532f7d (HEAD -> main)
Author: must-have-developer <must.have.developer@gmail.com>
Date:    Tue Sep 29 05:42:46 2020 +0700

        Add .gitignore file
```

-p 옵션과 **-{숫자}** 옵션을 함께 사용할 수도 있습니다.

명령어 `git log -p -{숫자}`

```
chapter2-basic % git log -p -1
commit 336ab5841afe80de6312eac14b39d76a65532f7d (HEAD -> main)
Author: must-have-developer <must.have.developer@gmail.com>
Date:    Tue Sep 29 05:42:46 2020 +0700

        Add .gitignore file

diff --git a/ .gitignore b/ .gitignore
new file mode 100644
index 0000000..3e63d9f
--- /dev/null
+++ b/ .gitignore
@@ -0,0 +1,7 @@
+# Logs
+logs
+*.log
+npm-debug.log*
+
+# Dependency directories
+node_modules/
\ No newline at end of file
```

git log --stat

--stat 옵션을 사용하면 각 커밋의 통계 정보를 볼 수 있습니다. 여기에서 통계란 어떤 파일이 수정되었고, 각 파일에서 몇 줄이 추가 혹은 삭제되었는지를 의미합니다.

명령어 `git log --stat`

```
chapter2-basic % git log --stat
commit 336ab5841afe80de6312eac14b39d76a65532f7d (HEAD -> main)
Author: must-have-developer <must.have.developer@gmail.com>
```

```
Date:      Tue Sep 29 05:42:46 2020 +0700

       Add .gitignore file

.gitignore | 7 +++++++        ①
1 file changed, 7 insertions(+)
```

① .gitignore 파일에 7줄이 추가되었다는 의미입니다. 이 결과는 커밋을 생성하고 커밋 메시지
를 저장한 결과 화면과 같습니다.

git log --pretty

--pretty 옵션을 사용하면 커밋 로그를 보여주는 형식을 지정할 수 있습니다. 지정할 수 있는 형
식 종류는 다양하며 몇 가지 형식을 함께 살펴보겠습니다.

명령어	`git log --pretty={option}`

--pretty=oneline 옵션을 지정하면 각 커밋을 한 줄로 보여줍니다. 보통 각 커밋의 상세한 내용
을 살펴보기보다 최근 커밋 로그를 한 눈에 살펴볼 때 주로 사용합니다.

```
chapter2-basic % git log --pretty=oneline
336ab5841afe80de6312eac14b39d76a65532f7d (HEAD -> main) Add .gitignore file
```

--pretty 옵션을 사용하면 나만의 출력 형식을 지정할 수 있습니다. 예를 들어 다음 명령어는 짧
은 커밋 해시와 저자 이름, 커밋 요약의 형식으로 커밋 로그를 출력한다는 의미입니다.

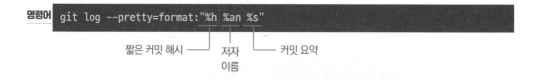

명령어	`git log --pretty=format:"%h %an %s"`

짧은 커밋 해시 ──┘ 저자 ──┘ └── 커밋 요약
                    이름

```
chapter2-basic % git log --pretty=format:"%h %an %s"
336ab58 must-have-developer Add .gitignore file
```

사용할 수 있는 형식은 다음과 같습니다.

형식	설명	형식	설명
%H	커밋 해시	%ae	저자 이메일
%h	짧은 커밋 해시	%ar	저자 상대적 시각
%T	트리 해시	%cn	커미터 이름
%t	짧은 트리 해시	%ce	커미터 이메일
%P	부모 해시	%cr	커미터 상대적 시각
%p	짧은 부모 해시	%s	커밋 요약
%an	저자 이름		

git log --pretty=oneline --graph

마지막으로 --graph 옵션을 살펴봅시다. 한 프로젝트를 여러 개발자가 동시에 작업할 때는 보통 여러 브랜치를 생성하고 병합하는 작업을 하게 됩니다. 이때 기존의 로그 명령어 결과처럼 로그를 나열하기만 한다면 흐름을 파악하기 어렵습니다. --graph 옵션을 사용하면 가시적으로 커밋 로그의 흐름을 파악할 수 있습니다. 저는 보통 그래프를 더 가시적으로 만드는 데 --pretty=oneline 옵션을 함께 사용합니다. 이 책에서는 앞으로 해당 명령어를 이용하여 커밋 내역을 조회합니다.

명령어
```
git log --pretty=oneline --graph
```

```
chapter2-basic % git log --pretty=oneline --graph
*   e920f725d586719868ba9811a8f166b9ac30dc08 (HEAD -> main) Merge branch 'test/
local-branch'
|\
| * d2220ec684a1c0960ec85315206dd6ca0e2cead0 (test/local-branch) Change header
* | 2384c658671e4c9ddb1cd439b6fa483efdef2d38 (test/fast-forward) Change title
|/
* d585604d6d30d7a2213fb540afc18b16297ffb29 (origin/test/remote-branch, origin/
test/local-branch, origin/main, test/remote-branch) Add hotline to main page
* 35601018a76e916952fc52258e14262d2b1c039e Change the title of main page
* 8231a202db9a7192c2128d20ca350129b11693ef Add initial files and .gitignore
```

해당 명령어의 결과를 가시적으로 보여주기 위해, 여러 브랜치에서 작업한 커밋 내역이 존재하는 프로젝트의 결과를 첨부했습니다.

2.5.3 커밋 수정하기

작업을 하다 보면 커밋을 잘못 생성하는 경우가 발생합니다. 커밋 메시지를 잘못 입력했거나, 커밋에 포함되어야 할 파일이 하나 빠졌다거나, 저자가 잘못되었다거나 하는 경우를 경험할 수 있습니다. 이런 경우 유용한 커밋 수정 명령어를 살펴보겠습니다.

`To Do` **커밋 메시지 수정 방법 #1**

`git commit --amend` 명령어를 실행하면 마지막 커밋 에디터 화면을 보여줍니다. 커밋 메시지를 수정하고 다시 저장하면 마지막 커밋 메시지가 수정됩니다.

명령어 `git commit --amend`

01 `git commit --amend` 명령어를 실행합니다.

```
chapter2-basic % git commit --amend
Add .gitignore file    ①

# Please enter the commit message for your changes. Lines starting
# with '#' will be ignored, and an empty message aborts the commit.
#
# On branch main
#
# Initial commit
#
# Changes to be committed:
#       new file:   .gitignore
```

❶ 이 기존 커밋 메시지입니다. 이제 원하는 내용으로 수정하면 됩니다.

02 Add .gitignore file을 Add only .gitignore file로 수정해보겠습니다.

```
Add only .gitignore file        수정한 커밋 메시지
```

```
# Please enter the commit message for your changes. Lines starting
# with '#' will be ignored, and an empty message aborts the commit.
#
# On branch main
#
# Initial commit
#
# Changes to be committed:
#       new file:   .gitignore
```

03 이제 esc 키 입력 → :wq 입력 → enter 키를 눌러 에디터에서 빠져나옵니다.

04 git log 명령어를 실행해 마지막 커밋 내용을 확인합시다.

```
chapter2-basic % git log
commit b4c2f11821e5684df0de159edac6fc33d0c47c6c (HEAD -> main)
Author: must-have-developer <must.have.developer@gmail.com>
Date:     Tue Sep 29 05:42:46 2020 +0700

        Add only .gitignore file ❶
```

❶ 수정한 문구가 출력되었습니다.

To Do 커밋 메시지 수정 방법 #2

git commit --amend 끝에 -m 옵션을 사용하면 git commit --amend 명령어 실행 후 에디터
화면에서 커밋 메시지를 수정하는 과정과 동일한 결과를 가져옵니다.

명령어 git commit --amend -m "수정 메시지"

01 -m 옵션을 사용한 커밋 메시지 수정 명령을 수행합니다.

```
chapter2-basic % git commit --amend -m "Add only .gitignore file (2)"
[main 209ad5a] Add only .gitignore file (2)           새 커밋 메시지
 Date: Tue Sep 29 05:42:46 2020 +0700
 1 file changed, 7 insertions(+)
 create mode 100644 .gitignore
```

지금까지 다룬 커밋 메시지 수정 방법은 모두 마지막 커밋 메시지를 수정합니다. 편리한 방법을 사용하면 됩니다.

To Do 커밋 파일 추가

이미 커밋을 생성한 후에 기존 커밋에 새 파일을 추가하거나 이미 추가된 파일의 최신 버전을 반영해야 하는 경우가 있습니다. 커밋은 일련의 작업 단위를 의미하는데 해당 작업에 포함되는 파일을 추가하지 않았거나, 이미 추가된 파일에서 더 수정할 부분이 생기는 경우가 해당되겠죠. 이때 다음 과정을 통해 커밋을 수정할 수 있습니다.

01 .gitignore 파일을 엽니다.

02 마지막 줄에 '# Runtime data'를 추가하여 파일을 수정합니다. 이미 기존 커밋에 추가된 .gitignore 파일을 다시 수정하는 겁니다.

```
                                                                    .gitignore
# Logs
logs
*.log
npm-debug.log*

# Dependency directories
node_modules/

# Runtime data
```

03 git status 명령어를 실행해 상태를 확인합니다.

```
chapter2-basic % git status
On branch main
Changes not staged for commit:
  (use "git add <file>..." to update what will be committed)
  (use "git restore <file>..." to discard changes in working directory)
      modified:   .gitignore

no changes added to commit (use "git add" and/or "git commit -a")
```

04 git add .gitignore 명령을 실행해 커밋에 포함될 파일로 등록합니다.

```
chapter2-basic % git add .gitignore
```

05 git commit --amend --no-edit 명령을 실행해 .gitignore의 추가 변경 내용을 기존 커밋에 반영할 수 있습니다. --no-edit 옵션은 에디터를 띄우지 않고 커밋 메시지를 수정하지 않겠다는 의미입니다(만약 커밋 메시지도 함께 수정하고 싶을 때는 --no-edit 옵션을 사용하지 마세요).

명령어 git commit --amend --no-edit

```
chapter2-basic % git commit --amend --no-edit
[main a3d4edc] Add only .gitignore file (2)
 Date: Tue Sep 29 05:42:46 2020 +0700
 1 file changed, 9 insertions(+)
 create mode 100644 .gitignore
```

To Do 커밋 저자 수정

커밋을 생성하면 다음과 같이 저자의 이름과 이메일이 함께 기록됩니다.

01 git log 명령어를 실행합니다.

```
chapter2-basic % git log
commit a3d4edc3775cd09599cd68233b67233c178f5a04 (HEAD -> main)
Author: must-have-developer <must.have.developer@gmail.com>
Date:     Tue Sep 29 05:42:46 2020 +0700

        Add only .gitignore file (2)
```

가끔 생성된 커밋의 저자가 잘못 기록된 경우가 발생합니다. 예를 들어 모든 깃 프로젝트에서 사용될 사용자 정보를 git config --global 명령어를 통해 등록했는데, 해당 프로젝트에서는 다른 사용자 정보를 사용해야 하는 경우가 발생할 수 있습니다. 실제로 회사의 깃 사용자 정보와 개인용 깃 사용자 정보를 하나의 컴퓨터에서 함께 사용하는 저는 간혹 겪는 현상입니다. 이 경우 다음 명령어를 통해 마지막 커밋의 저자 정보를 수정할 수 있습니다.

02 git commit --amend --author 명령어로 저자 정보를 수정합니다.

명령어 `git commit --amend --author "username <email>"`

```
chapter2-basic % git commit --amend --author "mjpark03 <mjpark03@gmail.com>"
Add only .gitignore file (2)

# Please enter the commit message for your changes. Lines starting
# with '#' will be ignored, and an empty message aborts the commit.
#
# Author:        mjpark03 <mjpark03@gmail.com> ①
# Date:          Tue Sep 29 05:42:46 2020 +0700
#
# On branch main
#
# Initial commit
#
# Changes to be committed:
#       new file:   .gitignore
```

❶ 새로 입력한 저자 정보가 보이면 제대로 실행된 겁니다.

03 수정하고 `esc` 키 입력 → :wq 입력 → `enter` 키를 눌러 메시지를 저장하고 에디터에서 빠져 나옵니다.

2.5.4 커밋 푸시하기

이제 생성한 커밋을 푸시해봅시다. 커밋을 푸시한다는 것은 지역 저장소에 있는 커밋을 원격 저장소에 등록한다는 의미입니다.

To Do **origin 서버로 푸시하기**

2.3.3절 '깃 원격 저장소 설정'에서 이미 `git remote add origin {복사한 원격 저장소 주소}` 명령어를 사용해 origin이라는 식별자로 원격 저장소 주소를 등록했습니다.

깃 설정 정보에 origin 원격 저장소 주소가 등록되었는지 확인해봅시다.

01 `cat .git/config` 명령어를 실행합니다.

```
chapter2-basic % cat .git/config
[core]
        repositoryformatversion = 0
        filemode = true
        bare = false
        logallrefupdates = true
        ignorecase = true
        precomposeunicode = true
[user]
        name = must-have-developer
        email = must.have.developer@gmail.com
[remote "origin"]
                url = https://github.com/must-have-developer/chapter2-basic.git ❶
        fetch = +refs/heads/*:refs/remotes/origin/*
```

❶ 등록한 URL 정보가 잘 들어가 있군요.

Tip .git/config 내용을 확인하는 대신 터미널에서 git remote -v 명령어를 실행하여 등록된 원격 저장소 주소를 확인할 수도 있습니다.

02 `git log` 명령어를 실행하여 현재 지역 저장소에 등록된 커밋을 다시 확인해봅시다.

```
chapter2-basic % git log
commit bbe47500198f94b30b828a21e3f21f9c62ac03c3 (HEAD -> main)
Author: mjpark03 <mjpark03@gmail.com>
Date:    Tue Sep 29 05:42:46 2020 +0700

        Add only .gitignore file (2)
```

03 `git push origin main` 명령어로 저장된 커밋을 원격 저장소에 등록해봅시다.

명령어 `git push {저장소} {브랜치}`

```
chapter2-basic % git push origin main
Enumerating objects: 3, done.
Counting objects: 100% (3/3), done.
Delta compression using up to 4 threads
```

```
Compressing objects: 100% (2/2), done.
Writing objects: 100% (3/3), 332 bytes | 332.00 KiB/s, done.
Total 3 (delta 0), reused 0 (delta 0)
To https://github.com/must-have-developer/chapter2-basic.git
 * [new branch]      main -> main
```

origin은 특정 원격 저장소를 식별하는 이름입니다. main은 특정 브랜치 이름입니다. 즉, `git push origin main`은 origin이라는 특정 원격 저장소에 지역 저장소의 main 브랜치 커밋을 등록한다는 의미입니다.

▼ 깃허브 원격 저장소에 등록된 커밋 확인

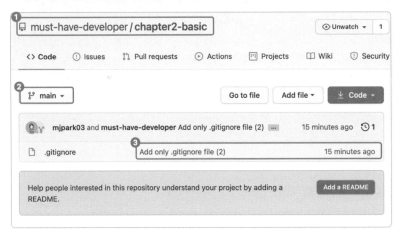

원격 저장소 ❶ chapter2-basic의 ❷ main 브랜치에 ❸ 커밋이 등록되었습니다.

To Do 새로운 서버로 푸시하기

origin은 특정 원격 저장소를 식별하는 이름이라고 했습니다. 이 말은 새로운 이름으로 또 다른 원격 저장소를 등록해서 사용할 수 있다는 의미입니다. 즉, 지역 저장소에서 여러 원격 저장소를 등록하고 사용할 수 있습니다.

예를 들어 다음과 같이 하나의 지역 저장소에서 원격 저장소 두 곳(chapter2-basic과 chapter2-basic-2)을 등록한 후 커밋을 반영할 수 있습니다.

▼ 지역 저장소에서 여러 원격 저장소로 커밋 등록

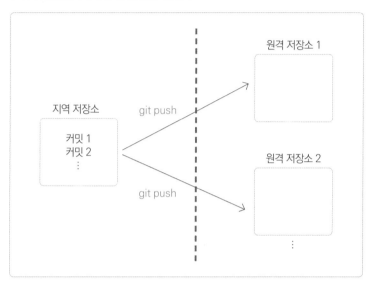

동일한 지역 저장소에 또 다른 원격 저장소를 등록해보겠습니다.

01 깃허브에서 새로운 원격 저장소를 생성해보겠습니다. ❶ github.com에 접속하고 로그인 → ❷ 우상단 + 기호를 좌클릭 → ❸ 팝업에서 [New repository]를 선택합니다.

02 프로젝트 이름인 ❶ [Repository name] 항목에 chapter2-basic-2라고 넣고 → 나머지 항목을 기본값으로 유지한 채 → ❷ [Create repository] 버튼을 눌러 저장소를 생성합니다.

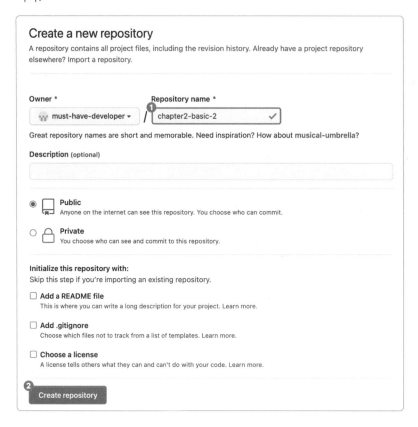

03 새로운 원격 저장소 주소를 복사합니다.

04 기존 지역 저장소에 새로 생성한 원격 저장소를 등록해보겠습니다. **git remote add** 명령어를 실행합니다.

```
chapter2-basic % git remote add origin2
https://github.com/must-have-developer/chapter2-basic-2.git
```

05 새로운 원격 저장소가 잘 등록되었는지 config 파일을 확인해볼까요? **cat .git/config**을 실행합니다.

```
chapter2-basic % cat .git/config
[core]
        repositoryformatversion = 0
        filemode = true
        bare = false
        logallrefupdates = true
        ignorecase = true
        precomposeunicode = true
[user]
        name = must-have-developer
        email = must.have.developer@gmail.com
[remote "origin"]
        url = https://github.com/must-have-developer/chapter2-basic.git
        fetch = +refs/heads/*:refs/remotes/origin/*
[remote "origin2"] ❶
        url = https://github.com/must-have-developer/chapter2-basic-2.git
        fetch = +refs/heads/*:refs/remotes/origin2/*
```

❶ origin2라는 이름으로 새로 생성한 원격 저장소가 등록됐습니다.

06 새로운 원격 저장소로 지역 저장소의 커밋을 등록해봅시다. **git push origin2 main** 명령어를 실행합니다.

```
chapter2-basic % git push origin2 main
Enumerating objects: 3, done.
Counting objects: 100% (3/3), done.
Delta compression using up to 4 threads
Compressing objects: 100% (2/2), done.
Writing objects: 100% (3/3), 332 bytes ¦ 332.00 KiB/s, done.
Total 3 (delta 0), reused 0 (delta 0)
To https://github.com/must-have-developer/chapter2-basic-2.git
 * [new branch]      main -> main
```

07 이제 커밋이 잘 등록되었는지 깃허브에서 확인해봅시다.

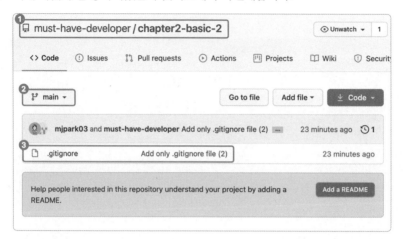

원격 저장소 ❶ chapter2-basic-2의 ❷ main 브랜치에 ❸ 커밋이 등록되었습니다.

2.6 원격 저장소 복제하기

처음 원격 저장소를 생성하고 구성한 사람이 아니라면 지역 저장소에는 원격 저장소와 동일한 프로젝트가 존재하지 않겠죠? 하나의 프로젝트를 대상으로 여러 개발자가 협업하는 경우에는 반드시 일어나는 상황입니다. 이러한 경우를 위해 이미 생성된 원격 저장소를 지역 저장소에 복제하여 사용하는 방법을 알아보겠습니다. 복제에는 `git clone` 명령어를 사용합니다.

명령어 `git clone "원격 저장소 주소" "새로운 저장소 이름"`

To Do **01** [Code] 탭에서 ❶ 📋를 클릭해 이미 존재하는 원격 저장소의 주소를 복사합니다.

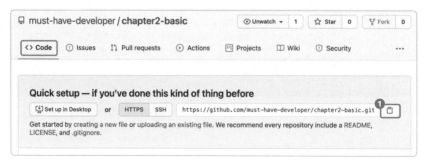

02 터미널을 실행한 후 우리 책에서 사용하는 루트 디렉터리(git-github-programming)로 이동합니다.

03 터미널에서 git clone 명령어를 실행합니다.

```
git-github-programming % git clone https://github.com/must-have-developer/
chapter2-basic.git chapter2-basic-clone
Cloning into 'chapter2-basic'...
remote: Enumerating objects: 3, done.
remote: Counting objects: 100% (3/3), done.
remote: Compressing objects: 100% (2/2), done.
remote: Total 3 (delta 0), reused 3 (delta 0), pack-reused 0
Receiving objects: 100% (3/3), done.
```

chapter2-basic-clone이라는 새로운 저장소 이름을 지정하여 원격 저장소를 복제했습니다.

04 ls 명령어를 실행하여 지역 저장소가 생성되었는지 확인합니다

```
git-github-programming % ls
chapter1-basic          chapter2-basic-2
chapter2-basic          chapter2-basic-clone
```

chapter2-basic-clone 이름으로 지역 저장소가 생성된 것을 확인할 수 있습니다. 이렇게 원격 저장소의 현재 버전을 지역 저장소에 복제하여 사용할 수 있습니다.

Tip "새로운 저장소 이름"을 지정하지 않고 git clone "원격 저장소 주소" 명령어만 사용하면 원격 저장소와 동일한 이름으로 지역 저장소가 생성됩니다. 이전 예제에서는 이미 동일한 이름의 지역 저장소가 존재했기 때문에 "새로운 저장소 이름"을 명시해서 다른 이름으로 지역 저장소를 생성했습니다.

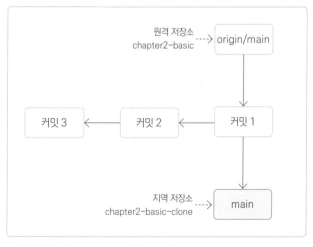

▲ 원격 저장소를 로컬 저장소로 복제 후 결과

깃을 쓰지 않고 깃허브 홈페이지에서 파일을 올리고 삭제할 수는 없나요?

원격 저장소 메인 페이지의 ❶ [Add file 버튼을 통해 파일을 직접 생성 및 업로드하거나, 원격 저장소에서 파일을 클릭한 뒤 ❷ [삭제 버튼을 통해 직접 삭제할 수 있습니다. 개인 프로젝트의 경우 해당 방법을 통해 간단히 파일을 조작하며 커밋 이력을 직접 생성할 수 있지만, 여러 명이 협업하는 프로젝트의 경우 기준 브랜치의 파일을 동료들과의 검증 및 동기화 없이 조작한 뒤 커밋 이력을 생성할 수 있으니 주의하시기 바랍니다. 이 방식은 권장하지 않습니다.

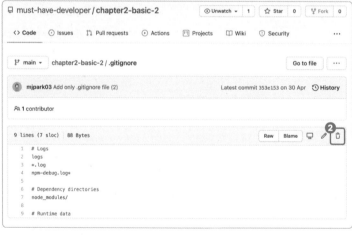

학습 마무리

깃 지역 저장소와 원격 저장소를 생성하고 설정하는 방법과 관리할 필요가 없는 파일을 .gitignore 파일에 등록해서 제외하는 방법도 살펴보았습니다. 그리고 깃이 동작하는 기본적인 개념인 작업 트리를 학습했습니다. 이러한 내용을 기반으로 깃 커밋에 대해 더 자세히 살펴보고, 이미 생성된 커밋을 변경하는 방법 및 여러 개의 원격 저장소에 지역 저장소의 커밋을 등록하는 과정도 학습했습니다.

다음 장에서는 시나리오대로 커밋과 푸시를 직접 실습합니다.

새로 배운 명령어 모아보기

명령어	기능	명령 형식
git init	지역 저장소 생성	git init
git config user.name git config user.email	프로젝트별 지역 사용자 등록	git config user.name "사용자 이름" git config user.email "이메일 주소"
git config --global user.name git config --global user.email	지역 환경의 전체 프로젝트를 위한 사용자 등록	git config --global user.name "사용자 이름" git config --global user.email "이메일 주소"
git remote add	원격 저장소의 주소를 지역 저장소에 등록	git remote add "원격 저장소 주소"
git add	커밋에 포함될 파일 등록	git add "파일명"
git status	현재 프로젝트의 파일 상태 확인	git status
git commit	새로운 커밋 생성	git commit
	기존 커밋 수정	git commit --amend
	기존 커밋 저자 수정	git commit --amend --author "username ⟨email⟩"
git log	커밋 내역 확인	git log
	커밋 내역 가시적/그래프 표현으로 확인	git log --pretty=oneline --graph
git push	원격 저장소에 커밋 반영	git push "원격 저장소 식별자" "브랜치"
git clone	원격 저장소 복제	git clone "원격 저장소 주소"

Chapter

03

시나리오
깃&깃허브 기본 기능
실습하기

시나리오 깃/깃허브 기본 기능 실습하기

난이도	★☆☆☆
프로젝트 이름	회사 운영팀을 위한 웹 어드민 시스템
저장소 이름	mastering-git-github
소스 코드	index.html
도구	깃, 깃허브, VSCode
미션	프로젝트를 생성 후, 커밋을 생성하여 깃허브 저장소에 반영하라.
요구 사항	개발자 기호는 팀에 필요한 웹 어드민 시스템을 만들고 있습니다. 운영팀으로부터 다음과 같은 요구사항을 받았습니다. • 메인 페이지 타이틀 변경 : 운영팀 웹 어드민 시스템 • 메인 페이지 추가 정보 노출 : 운영팀 연락처
요구사항 해법	적절한 변경 단위로 별도의 커밋을 생성해야 변경 내역을 추적하고 관리하기에 용이합니다. 그래서 각 요구사항은 하나의 커밋으로 생성할 예정입니다.

☐ **학습 목표** 지금까지 학습한 깃 기본 명령어를 실습 프로젝트에 적용해봅시다. 먼저 실습 프로젝트를 생성하고 나서 깃 지역 저장소로 설정한 후 파일 상태 확인, 커밋 작성 및 푸시 등을 수행합니다. 프로젝트 요구사항을 받아서 코드를 작성하고 관리하는 과정을 함께 따라가면 깃/깃허브 사용에 익숙해질 겁니다.

☐ **학습 순서**
1 프로젝트 소개
2 프로젝트 실습 환경 구축하기
3 프로젝트 설정 및 생성하기
4 깃 지역 저장소 및 초기 파일 설정
5 메인 페이지 타이틀 변경하기
6 메인 페이지에 운영팀 연락처 추가하기
7 원격 저장소에 커밋 등록하기

알려드려요 : 시나리오에 Node.js와 Express.js를 사용하는 이유

이 책은 '초보자를 위한 깃&깃허브 → 팀을 위한 깃&깃허브 → 실전 프로젝트를 위한 깃&깃허브' 이렇게 3단계로 구성되어 있습니다. 프로젝트 기반으로 팀이 협업하는 방향으로 나아가며 배우게 됩니다. .md 파일을 변경하는 정도로 실습을 진행하는 방법도 생각해보았습니다. 하지만 깃과 깃허브를 통해 일련의 프로젝트 과정을 경험하게 하자는 책의 취지와 일치하지 않는다는 생각이 들었습니다. 예를 들어 깃허브의 이슈나 프로젝트 보드를 사용해서 실제 요구사항을 코드에 반영하는 과정을 보여주어야 하는데 .md 파일 수정만으로는 한계가 있습니다.

그래서 시나리오의 프로젝트에 Node.js와 Express.js를 사용합니다. 맥OS, 윈도우, 리눅스에 대응한 설치 방법을 제공합니다. Node.js 설치로 인한 진입장벽은 거의 없다고 판단합니다. 반면 얻을 수 있는 (앞에서 말씀드린) 효과는 높다고 생각합니다. 프로젝트 자체와 프로그래밍 언어보다 프로젝트를 기반으로 수행하는 깃과 깃허브 작업이 핵심입니다. 그래서 자바스크립트나 Node.js를 몰라도 어려움이 없습니다. 이제 시작해볼까요?

3.1 프로젝트 소개

깃과 깃허브는 한 프로젝트에서 여러 개발자가 협업할 때 그 가치가 커집니다. 협업 가치를 살리는 실습을 진행하는 데 필요한 환경을 구축하고 프로젝트를 생성해보겠습니다. 프로젝트에 Node.js와 Express.js를 사용해 실습해보겠습니다.

3.1.1 프로젝트 기술 소개

기호는 팀에 필요한 웹 어드민 시스템을 만드는 업무를 할당받았습니다. 기호가 초기 프로젝트 환경 구축을 맡았습니다. 이 프로젝트는 기본적인 기능이 완성되면, 기호가 속한 팀뿐만 아니라 모든 사람이 소스 코드에 기여할 수 있도록 오픈 소스로 공개될 예정입니다.

기호는 팀에서 많이 사용하는 자바스크립트와 Node.js 기반으로 프로젝트 환경을 구축하기로 했습니다.

자바스크립트와 Node.js 기반으로 프로젝트를 생성하는 데 필요한 기술과 설치 방법을 간략하게 알아보겠습니다.

자바스크립트

자바스크립트는 ECMAScript 표준을 따르는 프로그래밍 언어입니다. 예전에는 웹 브라우저 내에서 웹 페이지를 동적으로 변경하는 목적으로 많이 사용되었으나, 현재는 Node.js와 같은 런타임 환경에서 서버 프로그래밍 언어로도 많이 사용됩니다. 이 프로젝트는 자바스크립트를 서버 프로그래밍 언어 목적으로 사용합니다.

Node.js

Node.js는 자바스크립트 코드를 해석하는 크롬 V8 엔진 기반 런타임입니다. 즉, 자바스크립트로 웹 서버와 같은 애플리케이션 개발을 할 수 있는 환경입니다. Node.js를 처음 사용해보는 분들은 함께 설치해봅시다. 참고로 Node.js 설치 시, Node.js 패키지 관리자인 npm이 자동으로 설치됩니다. 즉, npm을 이용하여 Node.js 패키지를 설치합니다.

Express.js

Express.js는 Node.js를 위한 웹 애플리케이션 프레임워크입니다. 우리는 Express.js를 이용하여 아주 간단한 웹 애플리케이션을 생성합니다. 먼저 Express.js 프레임워크를 이용한 프로젝트 생성을 돕는 express-generator 도구를 설치해봅시다.

3.2 프로젝트 실습 환경 구축하기

윈도우,리눅스, 맥OS에서 개발 환경을 구축하는 방법을 알아보겠습니다.

3.2.1 윈도우에 구축하기

To Do **Node.js 설치하기**

01 Node.js(nodejs.org) 홈페이지에 접속합니다.

02 LTS 버전을 클릭해 내려받습니다.

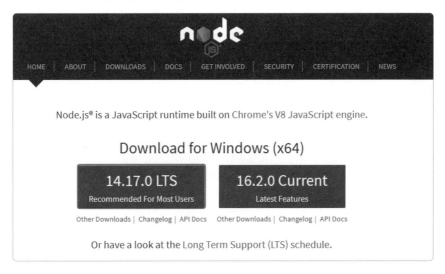

> **Tip** LTS란 Long Term Supported의 약자로써 안정성이 보장되며 장기적으로 유지보수가 되는 Node.js 버전을 의미합니다.

03 내려받은 설치 파일을 더블 클릭해서 기본 설정으로 설치를 진행합니다.

04 설치가 완료된 후 명령 프롬프트를 열어 node -v를 입력합니다. 설치가 제대로 되었으면 버전이 출력됩니다.

```
node -v
```

05 Express.js 프로젝트 생성을 돕는 express-generator 도구를 설치합니다.

```
npm install express-generator -g
```

-g 옵션은 글로벌을 의미하며 패키지를 특정 프로젝트가 아닌 전체 프로젝트에서 사용할 수 있도록 설치한다는 의미입니다.

06 설치가 완료된 후 express --version를 입력해 버전이 출력되면 제대로 설치된 겁니다.

```
express --version
```

필요한 기술과 설치 방법에 대해 모두 살펴보았으니 3.3절로 건너뛰어주세요.

3.2.2 리눅스에 구축하기

To Do **01** 터미널을 실행한 후 sudo apt-get install nodejs 명령어를 입력합니다.

```
sudo apt-get install nodejs
```

02 터미널에 nodejs -v 명령어를 실행하여 Node.js가 정상적으로 설치되었는지 확인합니다. 버전이 출력되면 성공적으로 설치한 겁니다.

```
nodejs -v
```

03 내려받은 설치 파일을 더블 클릭해서 기본 설정으로 설치를 진행합니다. 터미널에 sudo apt-get install npm 명령어를 입력하여 패키지 관리자를 설치합니다.

```
sudo apt-get install npm
```

04 Express.js 프로젝트 생성을 돕는 express-generator 도구를 설치합니다.

```
sudo npm install express-generator -g
```

-g 옵션은 글로벌을 의미하며 패키지를 특정 프로젝트가 아닌 전체 프로젝트에서 사용할 수 있도록 설치한다는 의미입니다. 필요한 기술과 설치 방법에 대해 모두 살펴보았으니 3.3절로 건너뛰어주세요.

3.2.3 맥OS에 구축하기

To Do **01** 터미널을 실행한 후 `brew install node` 명령어를 입력합니다.

```
brew install node
```

02 터미널에 `node --version` 명령어를 실행하여 Node.js가 정상적으로 설치되었는지 확인합니다. 버전이 출력되면 성공적으로 설치한 겁니다.

```
node --version
```

03 npm 명령으로 express-generator 도구 설치하기

```
sudo npm install express-generator -g
```

-g 옵션은 글로벌을 의미하며 패키지를 특정 프로젝트가 아닌 전체 프로젝트에서 사용할 수 있도록 설치한다는 의미입니다. 해당 옵션을 사용하면 내 컴퓨터의 사용자 권한이 아닌 루트 권한이 필요하기 때문에 sudo 명령어를 사용했습니다.

3.3 실습용 프로젝트 설정 및 생성하기

앞에서 설치한 express-generator 도구를 이용하여 이 책에서 사용할 프로젝트를 생성하겠습니다. express-generator를 사용하면 Node.js를 이용한 웹 애플리케이션 생성 시 필요한 패키지 및 구조를 쉽게 설정해줍니다.

To Do **01** 터미널을 열고 cd 명령어를 이용하여 이 책의 프로젝트에서 사용할 루트 디렉터리(git-github-programming)로 이동합니다.

02 해당 경로에서 다음 명령어를 이용하여 새로운 Node.js 웹 애플리케이션 프로젝트를 생성합니다. 프로젝트 이름은 mastering-git-github로 하겠습니다.

```
git-github-programming % express mastering-git-github --no-view
   create : mastering-git-github\
   create : mastering-git-github\public\
   create : mastering-git-github\public\javascripts\
   create : mastering-git-github\public\images\
   create : mastering-git-github\public\stylesheets\
   create : mastering-git-github\public\stylesheets\style.css
   create : mastering-git-github\routes\
   create : mastering-git-github\routes\index.js
   create : mastering-git-github\routes\users.js
   create : mastering-git-github\public\index.html
   create : mastering-git-github\app.js
   create : mastering-git-github\package.json
   create : mastering-git-github\bin\
   create : mastering-git-github\bin\www

change directory:
  > cd mastering-git-github

install dependencies:
  > npm install

run the app:
  > SET DEBUG=mastering-git-github:* & npm start
```

--no-view 옵션을 쓰면 pug, ejs와 같은 별도의 템플릿 엔진을 사용하지 않게 됩니다. Express.js 프로젝트 구조에 대한 자세한 내용은 이 책에서 다루지 않습니다.

03 새로 생성한 프로젝트로 이동합니다.

```
git-github-programming % cd mastering-git-github
```

04 다음 명령어를 이용하여 생성한 프로젝트에서 필요한 패키지를 설치합니다.

```
mastering-git-github % npm install
npm notice created a lockfile as package-lock.json. You should commit this file.
```

```
added 53 packages from 36 contributors and audited 53 packages in 1.477s
found 0 vulnerabilities
```

05 **npm start** 명령어로 express 서버를 실행합니다.

```
mastering-git-github % npm start
```

06 웹 브라우저를 열고 localhost:3000/에 접속해 이제 새로 생성한 웹 애플리케이션이 정상
적으로 동작하는지 확인합니다.

위와 같이 환영 메시지가 출력되면 앞으로 실습에서 사용할 프로젝트 생성에 성공한 겁니다.
웹 애플리케이션 확인을 완료했다면 npm start 명령어를 실행하고 있는 터미널에서
`Ctrl+c` 단축키를 이용하여 종료하세요.

이것으로 프로젝트 생성을 마쳤습니다.

3.4 깃 지역 저장소 및 초기 파일 설정

mastering-git-github 지역 저장소를 깃 저장소로 설정하고, 깃허브에 원격 저장소 생성 및 지
역 저장소에 등록하는 작업을 진행합니다. 이때 필요한 초기 파일 설정 및 원격 저장소에 반영 작
업도 함께 합니다.

작업 순서는 다음과 같습니다.

❶ 깃 지역 저장소 생성 : `git init`
❷ 깃 사용자 등록 : `git config`
❸ 깃허브 원격 저장소 생성

④ 지역 저장소에 원격 저장소 등록 : `git remote add`

⑤ .gitignore 파일 생성

⑥ 파일 등록 및 커밋 생성 : `git add`, `git commit`

⑦ 원격 저장소에 새로운 커밋 반영 : `git push`

▼ 작업 순서 흐름도

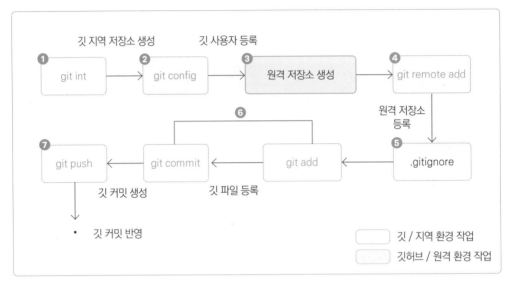

ToDo **01** ❶ 터미널를 실행해 mastering-git-github에서 ❷ `git init` 명령어로 프로젝트를 깃 지역 저장소로 설정합니다.

```
mastering-git-github % git init
Initialized empty Git repository in /Users/rachel/Documents/git-github-
programming/mastering-git-github/.git/
```

02 깃 지역 저장소에 사용자를 등록합니다. 사용자 이름과 이메일 주소를 넣으면 됩니다.

```
mastering-git-github % git config user.name "must-have-developer"
mastering-git-github % git config user.email "must.have.developer@gmail.com"
```

must-have-developer, must.have.developer@gmail.com 자리에는 여러분의 정보를 대체해서 넣으면 됩니다.

03 `cat .git/config` 명령어로 사용자 등록이 되었는지 깃 지역 저장소 사용자 정보를 확인합니다.

```
mastering-git-github % cat .git/config
[core]
        repositoryformatversion = 0
        filemode = true
        bare = false
        logallrefupdates = true
        ignorecase = true
        precomposeunicode = true
[user]
        name = must-have-developer
        email = must.have.developer@gmail.com
```

04 ❶ 깃허브(github.com/)에 접속합니다. 우상단 메뉴에서 ❷ ➕ → ❸ [New repository]
를 클릭하면 다음과 같은 화면이 보입니다. ❹ [Repository name]으로 mastering-git-
github를 입력하고 ❺ [Create repositoy]를 클릭해 저장소를 생성합니다.

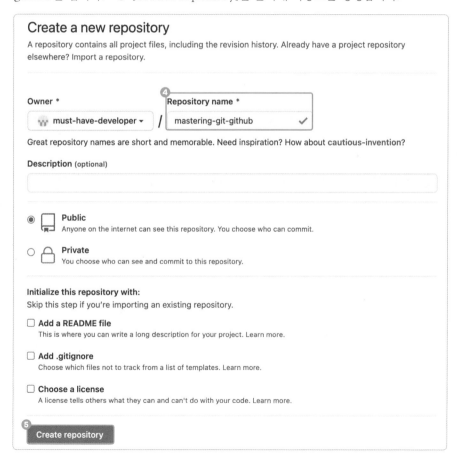

05 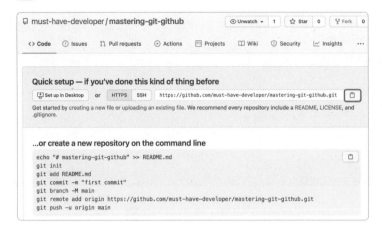을 클릭해 깃허브 원격 저장소 주소를 복사합니다.

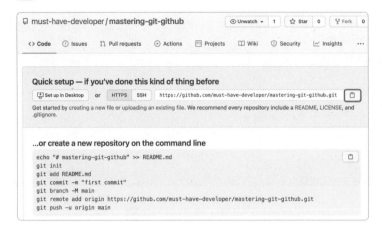

06 지역 저장소에 origin이라는 식별자로 원격 저장소 주소를 등록합니다.

origin 뒤에 오는 URL에는 여러분이 복사한 원격 저장소 주소로 대체해주세요!

```
mastering-git-github % git remote add origin https://github.com/must-have-
developer/mastering-git-github.git
```

07 등록된 원격 저장소 정보를 확인합니다.

```
mastering-git-github % cat .git/config
[core]
        repositoryformatversion = 0
        filemode = true
        bare = false
        logallrefupdates = true
        ignorecase = true
        precomposeunicode = true
[user]
        name = must-have-developer                    추가된 정보
        email = must.have.developer@gmail.com
[remote "origin"]
        url = https://github.com/must-have-developer/mastering-git-github.git
        fetch = +refs/heads/*:refs/remotes/origin/*
```

08 프로젝트 최상위 경로에 .gitignore 파일을 생성하고 버전 관리가 필요 없는 파일을 명시합니다(본인에게 익숙한 편집기를 사용해 mastering-git-github/ 폴더 안에 생성하세요).

```
# .gitignore                                               .gitignore
# 깃으로 관리하지 않을 파일 지정

# Logs
logs
*.log
npm-debug.log*

# Dependency directories
node_modules/
```

로그 파일과 외부 모듈을 관리하는 node_modules/ 디렉터리는 우리가 직접 작성하거나 관리하는 파일이 아닙니다. 따라서 버전 관리를 할 필요가 없어 제외시켰습니다.

09 git status 명령어로 파일 상태를 확인합니다.

```
mastering-git-github % git status
On branch main

No commits yet

Untracked files:
  (use "git add <file>..." to include in what will be committed)
        .gitignore
        app.js
        bin/
        package-lock.json
        package.json
        public/
        routes/

nothing added to commit but untracked files present (use "git add" to track)
```

10 `git add` 명령어로 파일을 추가합니다.

```
mastering-git-github % git add .
mastering-git-github % git status
On branch main

No commits yet

Changes to be committed:
  (use "git rm --cached <file>..." to unstage)
        new file:   .gitignore
        new file:   app.js
        new file:   bin/www
        new file:   package-lock.json
        new file:   package.json
        new file:   public/index.html
        new file:   public/stylesheets/style.css
        new file:   routes/index.js
        new file:   routes/users.js
```

참고로 이번에는 `git add` **"파일명"** 대신 `git add .` 명령어를 사용했습니다. 해당 명령어
는 현재 디렉터리 이하에서 발생한 모든 변경 파일을 포함한다는 의미입니다.

11 ❶ `git commit` 명령어로 커밋합니다.

```
mastering-git-github % git commit
```

❷ 커밋 메시지를 작성해주세요.

```
Add initial files and .gitignore          여기에 커밋 메시지를 적어주세요.

# Please enter the commit message for your changes. Lines starting
# with '#' will be ignored, and an empty message aborts the commit.
#
# On branch main
#
# Initial commit
#
# Changes to be committed:
#       new file:   .gitignore
```

```
#       new file:    app.js
#       new file:    bin/www
#       new file:    package-lock.json
#       new file:    package.json
#       new file:    public/index.html
#       new file:    public/stylesheets/style.css
#       new file:    routes/index.js
#       new file:    routes/users.js
#
```

커밋 메시지는 'Add initial files and .gitignore'입니다.

12 esc 키 입력 → :wq 입력 → enter 키를 눌러 해당 커밋 메시지를 저장합니다. 그러면 다음 과 같은 메시지가 출력됩니다.

```
[main (root-commit) 39c6f39] Add initial files and .gitignore
 9 files changed, 572 insertions(+)
 create mode 100644 .gitignore
 create mode 100644 app.js
 create mode 100755 bin/www
 create mode 100644 package-lock.json
 create mode 100644 package.json
 create mode 100644 public/index.html
 create mode 100644 public/stylesheets/style.css
 create mode 100644 routes/index.js
 create mode 100644 routes/users.js
```

13 원격 저장소에 커밋을 푸시합니다.

```
mastering-git-github % git push origin main
Enumerating objects: 15, done.
Counting objects: 100% (15/15), done.
Delta compression using up to 4 threads
Compressing objects: 100% (13/13), done.
Writing objects: 100% (15/15), 6.75 KiB ¦ 3.37 MiB/s, done.
Total 15 (delta 1), reused 0 (delta 0)
remote: Resolving deltas: 100% (1/1), done.
To https://github.com/must-have-developer/mastering-git-github.git
 * [new branch]      main -> main
```

14 원격 저장소에 반영된 커밋을 확인합니다. 다음과 같이 기존에 없던 파일이 보이면 제대로 진행된 겁니다.

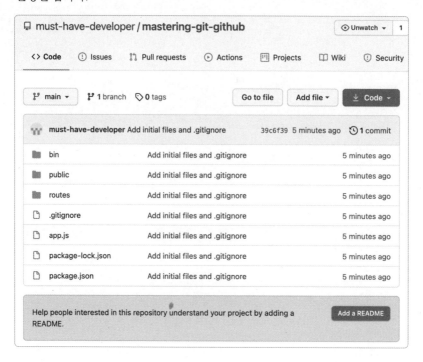

STEP 1 # 3.5 메인 페이지 타이틀 변경하기

이제 첫 번째 요구사항인 메인 페이지 타이틀 변경을 수행하겠습니다. 타이틀을 운영팀 웹 어드민 시스템으로 변경하는 작업인데, 우선 기존의 메인 페이지부터 다시 확인하겠습니다.

작업 순서는 다음과 같습니다.

❶ 소스 파일 수정(메인 페이지 타이틀 변경)
❷ 파일 등록 및 커밋 생성 : `git add`, `git commit`

▼ 작업 순서 흐름도

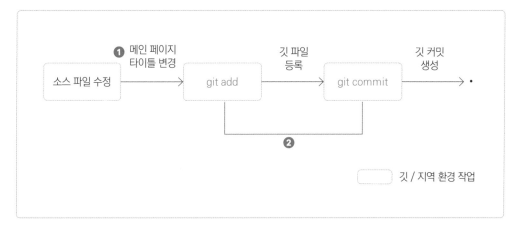

To Do **01** 기존 웹 애플리케이션 실행합니다. 터미널 창(명령 프롬프트)을 열어 프로젝트 최상위 경로에서 다음 명령어를 실행합니다.

```
mastering-git-github % npm start
```

02 웹 브라우저를 열고 localhost:3000(메인 페이지)에 접속합니다. 아래와 같이 익스프레스 환영 메시지가 보이면 제대로 작동하는 겁니다.

이제 메인 페이지의 뷰^{View} 역할을 하는 index.html 파일을 열고 내용을 수정하겠습니다.

03 VSCode에서 mastering-git-github/public/index.html 파일을 수정합니다.

▼ 기존 코드

```
                                                              index.html
<html>

<head>
  <title>Express</title>
  <link rel="stylesheet" href="/stylesheets/style.css">
</head>

<body>
  <h1>Express</h1>
  <p>Welcome to Express</p>
</body>

</html>
```

▼ 수정한 코드

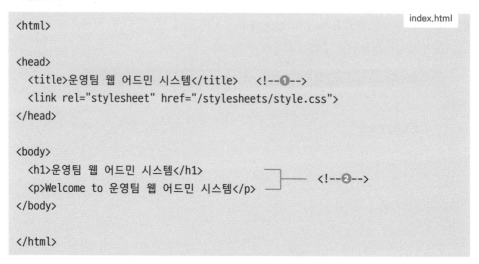

```
                                                              index.html
<html>

<head>
  <title>운영팀 웹 어드민 시스템</title>   <!--❶-->
  <link rel="stylesheet" href="/stylesheets/style.css">
</head>

<body>
  <h1>운영팀 웹 어드민 시스템</h1>
  <p>Welcome to 운영팀 웹 어드민 시스템</p>       <!--❷-->
</body>

</html>
```

❶ 헤드 타이틀을 바꾸고, ❷ 본문 텍스트를 바꾸었습니다.

04 수정을 완료했다면 저장해주세요.

05 localhost:3000에 재접속합니다. 그럼 다음과 같이 바뀐 화면을 볼 수 있습니다. 만약 재접속이 되지 않으면 터미널에서 npm을 종료한 후 **npm start** 명령어를 다시 실행한 뒤 접속

해보세요.

첫 번째 요구사항을 반영했습니다. 파일 상태를 확인한 후, 작업 단위인 커밋을 생성하겠습니다.

06 터미널에서 `git status` 명령어로 파일 상태를 확인합니다.

```
mastering-git-github % git status
On branch main
Changes not staged for commit: ❶
  (use "git add <file>..." to update what will be committed)
  (use "git restore <file>..." to discard changes in working directory)
        modified:   public/index.html ❷

no changes added to commit (use "git add" and/or "git commit -a")
```

❷ 수정된 파일을 확인할 수 있습니다. index.html 파일이 수정되었네요. 메시지를 살펴보니 index.html 파일은 ❶ 'Changes not staged for commit'으로 분류되어 있습니다. 즉, 변경이 있지만 커밋으로 기록할 수 있는 상태는 아니라는 의미입니다.

07 `git add` 명령어를 이용하여 index.html 파일을 커밋 대상으로 등록합시다. 이어서 상태를 확인해보겠습니다.

```
mastering-git-github % git add .
mastering-git-github % git status
```

```
On branch main
Changes to be committed: ❸
  (use "git restore --staged <file>..." to unstage)
        modified:   public/index.html
```

이제 index.html 파일이 ❸ 'Changes to be committed'로 분류되어 커밋할 수 있는 상태가 되었습니다.

08 ❶ `git commit` 명령어로 커밋을 수행합니다.

```
mastering-git-github % git commit
```

❷ 커밋 메시지를 작성해주세요.

```
Change the title of main page ───  여기에 커밋 메시지를 적어주세요.

# Please enter the commit message for your changes. Lines starting
# with '#' will be ignored, and an empty message aborts the commit.
#
# On branch main
# Changes to be committed:
#       modified:   public/index.html
#
```

커밋 메시지는 'Change the title of main page'입니다.

09 `esc` 키 입력 → `:wq` 입력 → `enter` 키를 눌러 메시지를 저장하고 에디터에서 빠져나옵니다. 그러면 다음과 같은 메시지가 나타납니다.

```
[main 83eacd8] Change the title of main page
 1 file changed, 3 insertions(+), 3 deletions(-) ❶
```

❶ '1 file changed'에서 파일 하나(index.html)가 수정되었고, '3 insertions(+), 3 deletions(-)'에서 새로운 3줄이 추가되고 기존 3줄이 삭제되었음을 확인할 수 있습니다. (자동으로 코드 포맷을 정렬하는 편집기를 사용하면 개수가 다르게 표시될 수도 있습니다).

STEP 2 3.6 메인 페이지에 운영팀 연락처 추가하기

이제 두 번째 요구사항인 메인 페이지 추가 정보를 노출해보겠습니다. 메인 페이지에 운영팀 연락처를 추가하는 작업이며 다시 index.html 파일을 열고 코드를 수정하겠습니다.

작업 순서는 다음과 같습니다.

❶ 소스 파일 수정 : 메인 페이지 연락처 추가

❷ 파일 등록 및 커밋 생성 : `git add`, `git commit`

▼ 작업 순서 흐름도

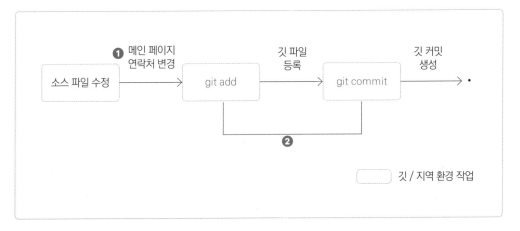

01 mastering-git-github/public/index.html 파일을 다시 수정합니다.

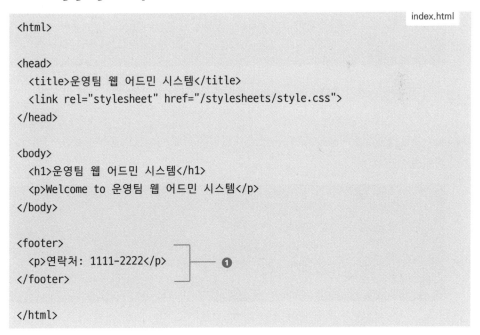

index.html

```
<html>

<head>
  <title>운영팀 웹 어드민 시스템</title>
  <link rel="stylesheet" href="/stylesheets/style.css">
</head>

<body>
  <h1>운영팀 웹 어드민 시스템</h1>
  <p>Welcome to 운영팀 웹 어드민 시스템</p>
</body>

<footer>
  <p>연락처: 1111-2222</p>          ❶
</footer>

</html>
```

❶를 추가했습니다. 또 코드를 수정했으니 웹 애플리케이션을 다시 시작하고 확인해봐야겠죠?

02 npm start 후 localhost:3000에 재접속합니다.

두 번째 요구사항도 반영했으니 다시 작업 단위인 커밋을 생성해보도록 합시다.

03 `git status` 명령어로 파일 상태 확인 후 파일 추가 및 커밋을 생성합니다.

```
mastering-git-github % git status
On branch main
Changes not staged for commit: ❶
  (use "git add <file>..." to update what will be committed)
  (use "git restore <file>..." to discard changes in working directory)
        modified:   public/index.html ❷

no changes added to commit (use "git add" and/or "git commit -a")
```

이미 알고 있는 것처럼 ❷ index.html 파일이 수정되었으나 ❶ 커밋으로 기록할 수 있는 상태가 아닙니다.

04 `git add` 명령어를 이용하여 index.html 파일을 커밋 대상으로 등록합시다. 이어서 상태를 확인해보겠습니다.

```
mastering-git-github % git add .
mastering-git-github % git status
On branch main
Changes to be committed: ❸
  (use "git restore --staged <file>..." to unstage)
        modified:   public/index.html
```

index.html 파일이 ❸ 커밋될 수 있는 상태가 되었습니다.

05 ❶ git commit 명령어로 커밋을 생성합니다.

```
mastering-git-github % git commit
```

❷ 커밋 메시지를 작성해주세요.

```
Add hotline to main page        여기에 커밋 메시지를 적어주세요.

# Please enter the commit message for your changes. Lines starting
# with '#' will be ignored, and an empty message aborts the commit.
#
# On branch main
# Changes to be committed:
#       modified:   public/index.html
#
```

커밋 메시지는 'Add hotline to main page'입니다.

06 esc 키 입력 → :wq 입력 → enter 키를 눌러 메시지를 저장하고 에디터에서 빠져나옵니다.
그러면 다음과 같은 메시지가 나타납니다.

```
[main 255eb26] Add hotline to main page
 1 file changed, 4 insertions(+)
```

STEP 3 3.7 원격 저장소에 커밋 등록하기

이제 마지막으로 지금까지 했던 두 가지의 커밋을 원격 저장소에 등록할 차례입니다. 그 전에, 현
재 지역 저장소에서 커밋들의 상태를 확인해볼까요?

작업 순서는 다음과 같습니다.

❶ 지역 저장소의 커밋 내역 확인 : git log
❷ 원격 저장소에 새로운 커밋 반영 : git push
❸ 원격 저장소의 커밋 내역 확인

▼ 작업 순서 흐름도

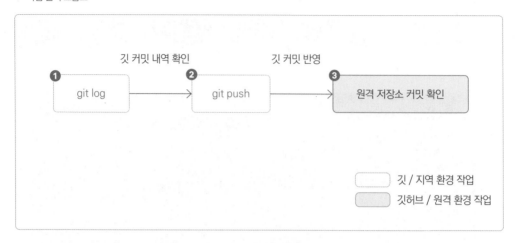

To Do 01 `git log` 명령어로 지역 저장소의 커밋 내역을 확인합니다.

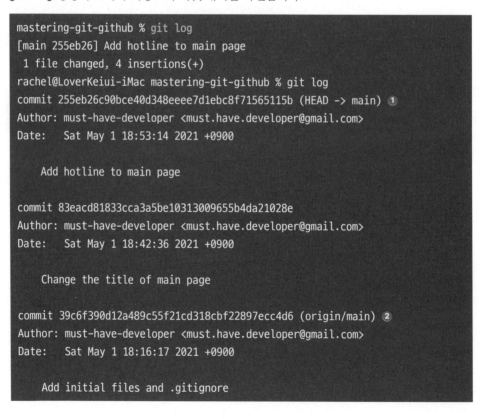

```
mastering-git-github % git log
[main 255eb26] Add hotline to main page
 1 file changed, 4 insertions(+)
rachel@LoverKeiui-iMac mastering-git-github % git log
commit 255eb26c90bce40d348eeee7d1ebc8f71565115b (HEAD -> main) ❶
Author: must-have-developer <must.have.developer@gmail.com>
Date:   Sat May 1 18:53:14 2021 +0900

    Add hotline to main page

commit 83eacd81833cca3a5be10313009655b4da21028e
Author: must-have-developer <must.have.developer@gmail.com>
Date:   Sat May 1 18:42:36 2021 +0900

    Change the title of main page

commit 39c6f390d12a489c55f21cd318cbf22897ecc4d6 (origin/main) ❷
Author: must-have-developer <must.have.developer@gmail.com>
Date:   Sat May 1 18:16:17 2021 +0900

    Add initial files and .gitignore
```

가장 아래의 커밋 체크섬 옆에서 ❷ (origin/main)를 확인할 수 있습니다. 현재 지역 저장소 버전에서 origin 식별자가 가리키는 원격 저장소의 main 브랜치가 바라보고 있는 커밋이라는 의미입니다. 가장 최근의 커밋 체크섬 옆에서 ❶ (HEAD -〉 main)를 확인할 수 있습니다. HEAD는 지역 저장소에서 현재 작업하는 곳의 최종 커밋을 가리키는 포인터입니다 (2.5.2절 '커밋 이해하기' 참조). 즉, 지역 저장소의 HEAD 포인터는 main 브랜치를 가리키고 있으며 가장 마지막 커밋을 바라보고 있습니다.

마지막으로 원격 저장소에 커밋을 등록한 이후로 지역 저장소에 커밋 2개를 새로 등록했기 때문에 (origin/main)과 (HEAD -〉 main)이 바라보는 커밋이 다릅니다(자세한 내용은 5장 '협업을 위한 깃 명령어 살펴보기'에서 다룹니다). 그럼 이제 새롭게 생성한 커밋을 원격 저장소에 등록해볼까요?

02 `git push origin main` 명령어로 원격 저장소에 커밋을 등록합니다.

```
mastering-git-github % git push origin main
Enumerating objects: 11, done.
Counting objects: 100% (11/11), done.
Delta compression using up to 4 threads
Compressing objects: 100% (8/8), done.
Writing objects: 100% (8/8), 891 bytes | 891.00 KiB/s, done.
Total 8 (delta 3), reused 0 (delta 0)
remote: Resolving deltas: 100% (3/3), completed with 1 local object.
To https://github.com/must-have-developer/mastering-git-github.git
   39c6f39..255eb26  main -> main
```

03 깃허브 원격 저장소에서 커밋이 제대로 반영되었는지 확인합시다.

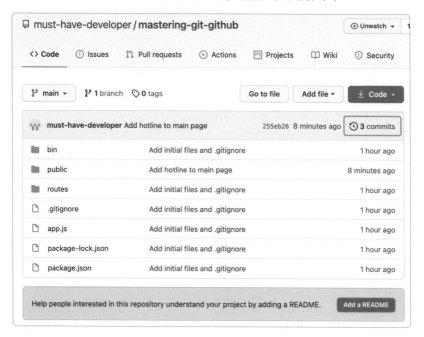

이번 장에서 생성한 총 3개의 커밋(3 commits)이 잘 반영되었네요.

04 이번에는 3 commits를 클릭하여 상세 커밋 내역을 확인해볼까요?

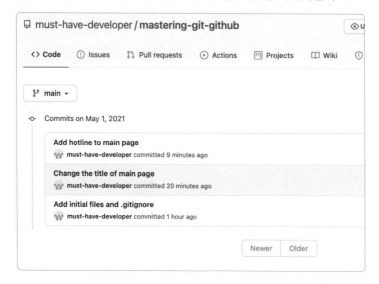

우리가 생성한 커밋 메시지 3개를 정확히 확인할 수 있네요.

지금까지 요구사항을 받아서 지역 저장소에서 작업한 내용을 커밋으로 생성하고 원격 저장소에 등록하는 과정을 실습했습니다.

학습 마무리

이번 장에서는 새로운 Node.js 웹 애플리케이션 프로젝트를 생성했습니다. Node.js, Express. js와 같은 기술은 이 책에서 중요한 내용이 아닙니다. 하지만 이 책에서 지속적으로 사용할 프로젝트이므로 원활히 실습하려면 꼭 프로젝트를 생성하시기 바랍니다. 요구사항을 받고, 해당 요구사항을 위한 작업을 진행하고, 작업한 내용을 커밋으로 생성하고, 원격 저장소에 등록하는 일련의 과정도 경험했습니다.

이것으로 개인이 깃과 깃허브를 사용해 프로젝트를 진행할 때 필요한 기본적인 내용을 살펴보았습니다. 다음 장부터는 개인이 아닌 팀으로 깃과 깃허브를 사용해 프로젝트를 진행할 때 필요한 내용을 알아보겠습니다.

학습 목표

팀으로 프로젝트를 관리할 때 필요한 깃과 깃허브의 기능을 학습합니다. 소스 코드뿐만 아니라 프로젝트 기반으로 팀의 일을 관리하는 기능도 함께 살펴봅니다. 6장에서는 협업 시나리오 기반으로 프로젝트 관리를 실습니다.

Start

팀을 위한 깃&깃허브

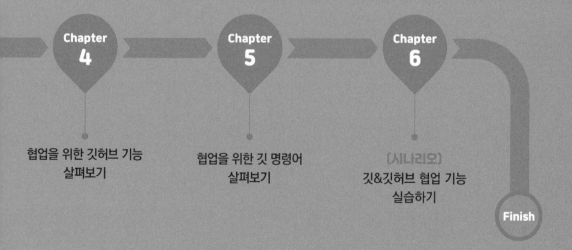

Chapter 4

협업을 위한 깃허브 기능
살펴보기

Chapter 5

협업을 위한 깃 명령어
살펴보기

Chapter 6

[시나리오]
깃&깃허브 협업 기능
실습하기

Finish

04

협업을 위한 깃허브 기능 살펴보기

☐ **학습 목표**   실제 현장에는 다양한 팀으로부터 다양한 요구사항이 쏟아집니다. 그래서 요구사항을 관리하고 진척도를 확인하는 것 자체도 중요합니다. 깃허브에서 프로젝트 관리에 필요한 다양한 기능을 제공합니다. 이번 장에서는 깃허브의 Issues^{이슈}와 Projects^{프로젝트 보드}를 프로젝트 관리에 어떻게 활용할 수 있는지 함께 살펴보겠습니다.

☐ **학습 순서**   **1** 저장소 협업자 등록하기

2 이슈 라벨 추가하기

3 이슈 살펴보기

4 프로젝트 보드 살펴보기

5 이슈와 프로젝트 보드 함께 살펴보기

알려드려요

이번 장에서는 2장에서 생성한 chapter2-basic 저장소를 기반으로 설명하겠습니다.

4.1 저장소 협업자 등록하기

특정 원격 저장소에 협업자^{collaborator}를 등록하는 방법은 다음과 같습니다.

To Do **01** 원격 저장소(chapter2-basic)의 메인 페이지에서 [Settings] 탭을 선택합니다.

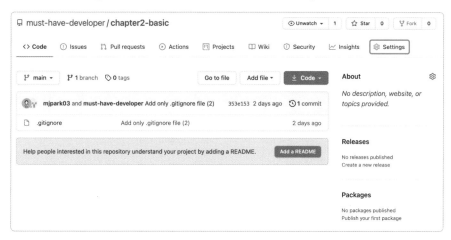

02 [Settings] 화면 좌측 메뉴바에서 [Manage access]를 선택합니다.

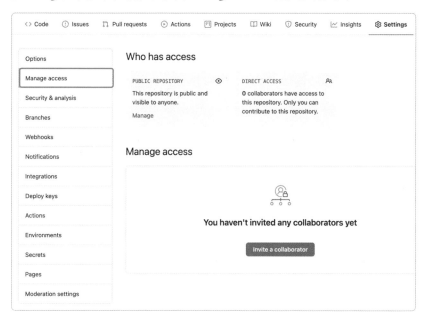

그러면 패스워드를 다시 한번 입력하라는 창이 뜰 수도 있습니다. 패스워드를 입력하고 [Confirm password]를 클릭해 계속 진행해주세요.

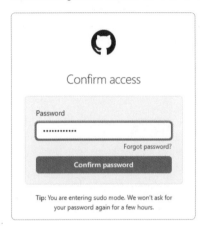

03 [Invite a collaborator]를 클릭합니다.

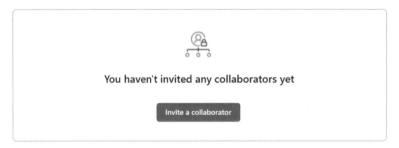

04 ❶ 추가하려는 사용자를 검색합니다. 깃허브의 사용자 이름 혹은 이메일로 검색할 수 있습니다. ❷ 자동으로 추천 명단이 보일 겁니다. 자동 추천된 명단에 내가 원하는 사람이 있다면 마우스로 클릭해 선택해도 됩니다. ❸ 추가 버튼을 클릭해 초대합니다.

▼ 협업자 검색

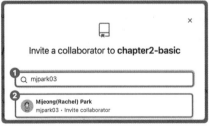

▼ 협업자 선택

그러면 다음과 같이 초대 현황이 보입니다.

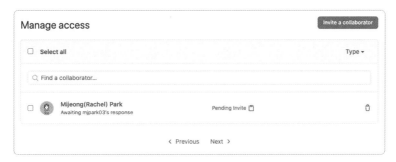

이렇게 특정 저장소의 협업자를 설정할 수 있습니다. 참고로 초대받은 사람은 깃허브에 가입한 이메일 계정에 접속하여 초대 수락을 완료해야 합니다.

4.2 저장소 이슈를 위한 새로운 라벨 생성하기

이슈Issues는 깃허브에서 제공하는 도구입니다. 프로젝트 작업, 개선 사항, 오류 추적 기능을 제공합니다. 실제 프로젝트에서는 새로운 기능, 기존 기능 개선, 오류 해결 등의 작업이 계속 몰려듭니다. 이러한 일을 이슈 단위로 작성하고 관리할 수 있습니다. [Issues]는 각 저장소마다 존재합니다.

우선 이슈에 사용할 새로운 라벨을 생성하겠습니다. 라벨은 이슈의 성격을 구분짓는 도구입니다. 새로운 라벨을 생성하려면, 라벨 생성 화면으로 이동 후 → 라벨을 생성하면 됩니다. 2단계로 나눠 함께 라벨을 생성해봅시다.

4.2.1 라벨 생성 화면으로 이동하기

새로운 라벨을 생성하는 화면으로 접근하는 방법은 두 가지입니다. 저장소의 [Issues] 탭에서 생성하는 방법과 이슈 생성 화면의 [Labels] 항목에서 생성하는 방법입니다.

두 방법 중 한 가지 방법을 실행해 라벨 생성 화면으로 이동해주세요.

저장소의 [Issues] 탭에서 이동하기

01 ❶ [Issues] 탭을 선택한 후 ❷ [Labels]을 클릭합니다.

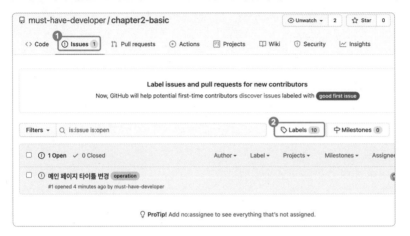

이슈 생성 화면의 Labels 항목에서 이동하기

01 ❶ [Issues] 탭 → ❷ [New issue] 버튼을 클릭합니다.

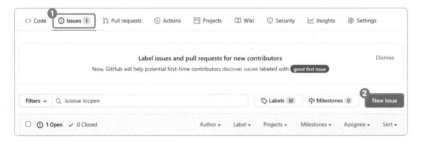

02 ❶ [Labels] 설정 아이콘 ⚙ → ❷ [Edit labels] 버튼을 클릭합니다.

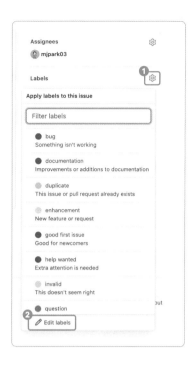

4.2.2 본격 라벨 생성하기

라벨을 생성하는 화면에 접근한 후 다음과 같이 새로운 라벨을 추가할 수 있습니다.

To Do **01** [New label]을 클릭합니다.

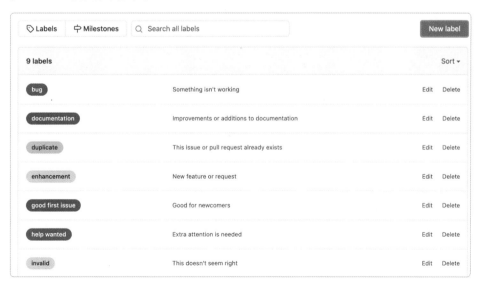

02 ❶ [Label name]에 원하는 라벨 이름, ❷ [Description]에 설명, ❸ [Color]에 색을 지정합니다. 저는 operation, issue for operator, c2e0c6을 차례대로 기입했습니다. ❹ [Create label]을 눌러 라벨을 생성합니다.

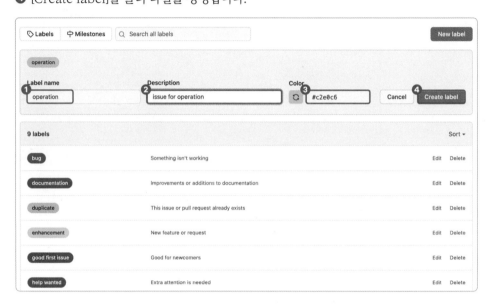

그러면 다음과 같이 생성한 라벨이 제일 위에 추가된 화면이 보일 겁니다.

03 ❶ [Issues] 탭 → ❷ [New issue] 버튼을 클릭 후 → 팝업창에서 ❸ [Labels] 설정 아이콘
⚙ 을 클릭합니다. 그러면 ❹ 새로 생성한 라벨이 보입니다.

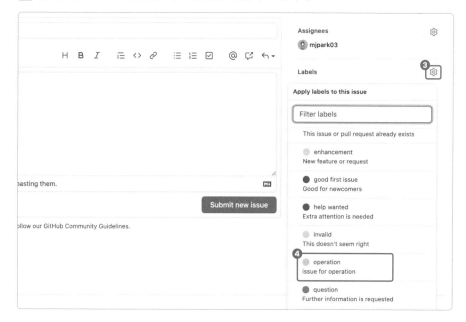

4.3 저장소 이슈 생성하기

앞에서 생성한 라벨을 이용하여 새로운 이슈를 생성해보겠습니다.

▼ 깃허브 저장소의 [Issues]

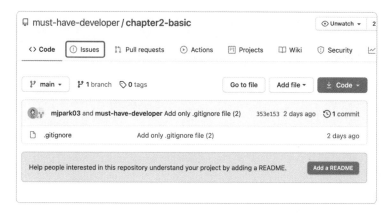

그럼 이제 깃허브의 [Issues]를 자세히 살펴볼까요?

To Do **01** 깃허브에 접속하여 원하는 저장소를 하나 선택합니다. 저는 계속해서 chapter2-basic 저장소를 사용합니다.

02 [Issues] 탭을 선택합니다.

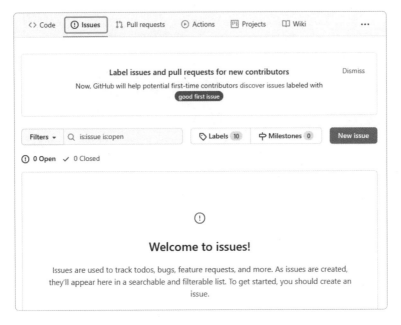

아직 이슈를 하나도 생성하지 않아서 기본 화면을 만날 것입니다.

03 이제 새로운 이슈를 생성해볼까요? [New issue] 버튼을 클릭합니다.

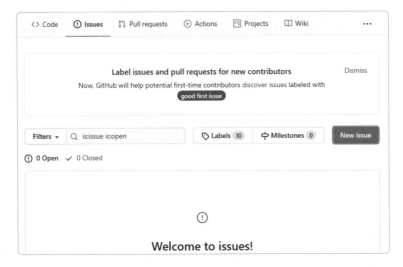

다음과 같은 새 이슈 생성 화면이 보일 겁니다.

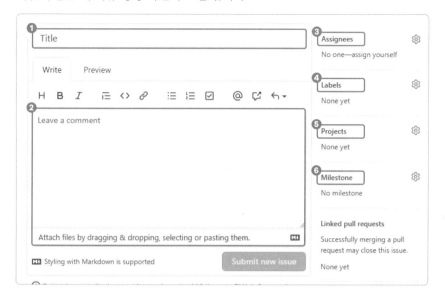

❶ Title : 이슈 제목을 적는 곳입니다.

❷ Write : 상세 이슈를 적습니다.

❸ Assignees : 이슈를 해결할 사람을 지정합니다.

❹ Labels : 이슈 종류를 지정합니다.

❺ Projects : 이슈가 포함될 프로젝트를 선택합니다.

❻ Milestone : 이슈가 포함될 마일스톤을 선택합니다.

참고로 마일스톤은 종료일을 설정한 후, 특정 이슈를 마일스톤에 포함시켜 진행 상황을 파악하는 도구입니다.

이제 계속해서 각 항목을 채워 이슈 생성을 완료해보겠습니다.

04 Title에 이슈의 제목을 작성합니다. 저는 '메인 페이지 타이틀 변경'이라고 적었습니다.

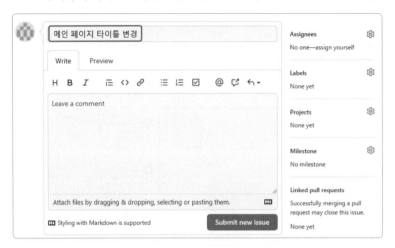

05 [Write]에 이슈에 대한 상세 정보를 작성합니다.

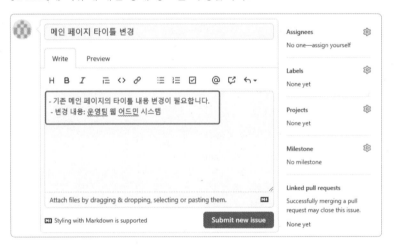

06 [Assignees]에 해당 이슈 담당자를 지정합니다. **❶** 설정 아이콘 을 누르면 담당자로 지정 가능한 목록이 보입니다. **❷** 목록에서 원하는 담당자를 선택해 할당합니다(저는 mjpark03 를 선택했습니다).

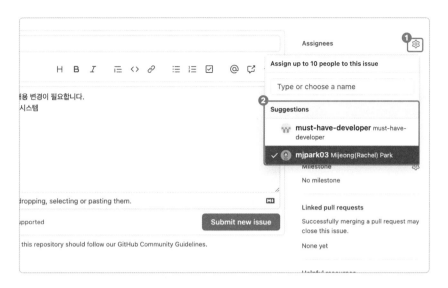

[Assignees] 목록에는 해당 원격 저장소에 협업자로 등록되어 있거나 깃허브에서 같은 Organizations[1]에 등록된 사용자가 포함됩니다.

07 [Labels]에 이슈 유형을 지정합니다. ❶ 설정 아이콘 ⚙ → ❷ 팝업창에서 [operation]을 클릭합니다.

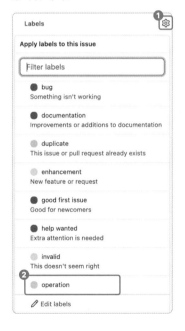

한 개 이상의 라벨을 하나의 이슈에 지정할 수 있습니다. 깃허브에서 기본적으로 제공하는 라벨을 사용해도 되고, 원하는 라벨을 추가하여 사용할 수도 있습니다.

---

1   로그인 → 우상단 계정 아이콘 클릭 → [Setting] → [Organizations]에서 설정

그럼 다음과 같이 라벨이 추가됩니다.

[Projects]는 깃허브에서 제공하는 프로젝트 보드 기능입니다. 해당 기능은 특정 프로젝트의 작업 관리를 돕는 도구로써 4.4절에서 자세히 살펴보겠습니다.

[Milestone]은 특정 프로젝트가 달성해야 하는 목표 시점과 작업을 관리할 수 있도록 돕는 도구입니다. 여기서 마일스톤을 별도로 생성하지 않으므로 넘어가도록 합니다.

08 [Submit new issue] 버튼을 클릭하여 새로운 이슈를 생성합니다.

그러면 다음과 같이 생성한 이슈가 보입니다. 이슈를 생성할 때 작성했던 제목, 상세 정보뿐만 아니라 해당 이슈에 대한 작업 내역까지 확인할 수 있습니다. 참고로 #1은 해당 이슈의 번호를 의미합니다.

Tip 깃허브에서는 이슈의 성격에 맞게 템플릿을 지정하는 기능도 제공하고 있습니다. 아래 링크를 참고해주세요.

• https://docs.github.com/en/communities/using-templates-to-encourage-useful-issues-and-pull-requests

4.4 프로젝트 보드 생성하기

깃허브는 작업 및 우선순위 관리를 돕는 Projects라는 프로젝트 도구를 제공합니다. 현재 진행 중인 프로젝트 성격에 맞게 관리할 수 있도록 다양한 유형의 프로젝트 보드가 존재합니다.

▼ 깃허브 저장소의 [Projects]

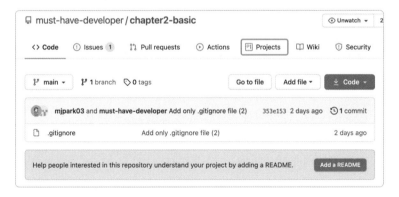

4.4.1 프로젝트 보드 살펴보기

프로젝트 보드를 살펴보겠습니다.

프로젝트 보드에서 수행할 수 있는 작업

[Projects] 탭을 클릭하면 다음 그림처럼 프로젝트 보드로 수행할 수 있는 작업들을 확인할 수 있습니다.

▼ 깃허브 [Projects] 탭

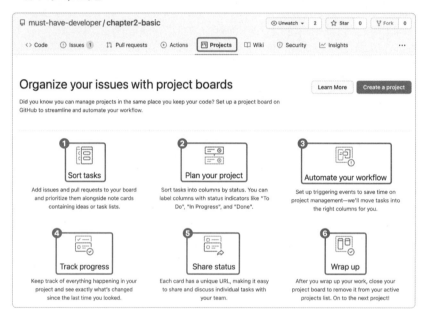

❶ Sort tasks : 프로젝트 보드에 이슈 및 풀 리퀘스트를 추가하고 우선순위를 지정할 수 있습니다. 이슈는 앞에서 함께 살펴보았고, 풀 리퀘스트는 5장에서 함께 살펴봅니다.

❷ Plan your project : 작업 상태별로 열을 생성하고, 작업의 상태를 관리할 수 있습니다.

❸ Automate your workflow : 이벤트를 설정하여 작업의 상태 관리를 자동으로 수행할 수 있습니다.

❹ Track progress : 프로젝트 보드에서 일어난 모든 일을 추적하고 확인할 수 있습니다.

❺ Share status : 프로젝트 보드의 작업 단위인 카드는 고유한 URL을 갖고 있어서 다른 팀원들에게 공유하고 논의하는 데 사용됩니다.

❻ Wrap up : 특정 프로젝트 보드의 모든 작업을 마무리한 후 활성 프로젝트 목록에서 제거하여 다음 프로젝트 보드를 생성할 수 있습니다.

새 프로젝트 보드 생성 화면

새 프로젝트 보드 생성 화면을 살펴봅시다.

▼ 깃허브 새로운 Project boards 생성 화면

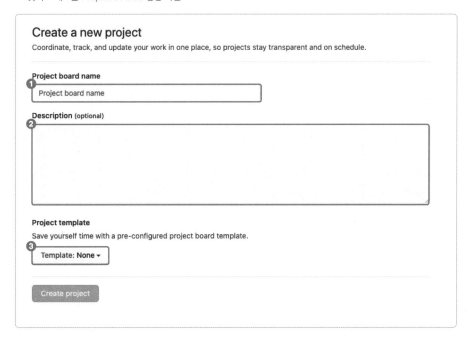

❶ Project board name : 새로운 프로젝트의 이름을 작성합니다.

❷ Description : 프로젝트에 대한 설명을 작성합니다.

❸ Project template : 프로젝트 템플릿을 선택합니다.

프로젝트 보드에서 제공하는 5가지 템플릿

깃허브 프로젝트 보드에서 제공하는 5가지 템플릿 옵션을 살펴봅시다.

▼ 깃허브 프로젝트 보드의 5가지 템플릿 옵션

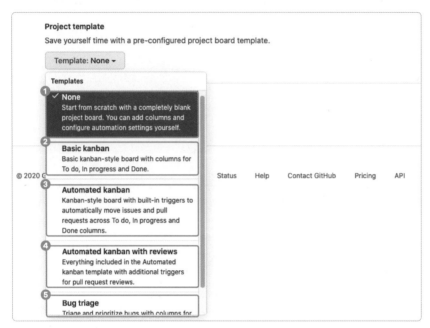

❶ None : 빈 템플릿을 생성합니다. 작업 상태열 및 설정 정보를 처음부터 직접 구성합니다.

❷ Basic kanban : To do, In progress, Done 작업 상태열을 기본적으로 생성해줍니다.

❸ Automated kanban : Basic kanban 보드와 동일하게 To do, In progress, Done 작업 상태열이 기본적으로 생성됩니다. 추가로 카드의 작업 상태가 프로젝트에 포함된 이슈의 상태에 따라 자동으로 변경됩니다.

❹ Automated kanban with reviews : Automated kanban 보드와 동일하지만 작업 상태 변경 요소에 풀 리퀘스트의 상태가 추가로 반영됩니다.

❺ Bug triage : 버그를 분류하기 위한 작업 상태열을 생성합니다.

▼ **①** None 템플릿

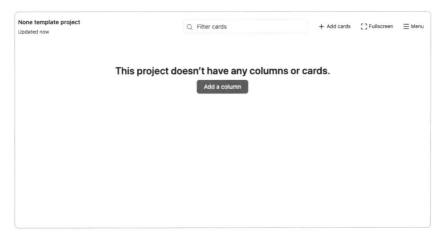

▼ **②** Basic kanban 템플릿

▼ ❸ Automated kanban 템플릿 및 작업 상태 자동 설정

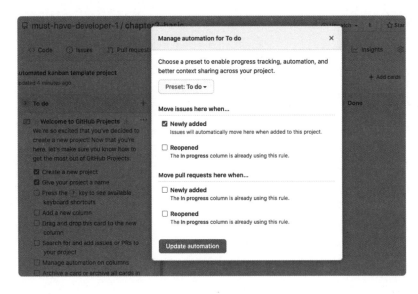

▼ ❹ Automated kanban with reviews 템플릿 및 작업 상태 자동 설정

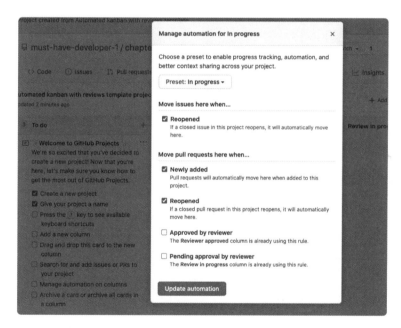

▼ ❺ Bug triage 템플릿

이제 새로운 프로젝트 보드를 생성해볼까요?

4.4.2 프로젝트 보드 생성하기

To Do **01** 깃허브 저장소의 [Projects] 탭을 선택합니다.

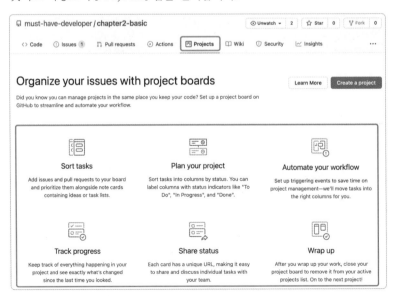

02 [Create a project] 버튼을 클릭합니다.

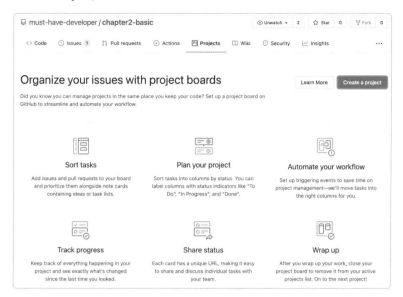

03 ❶ [Project board name]에 새 프로젝트 이름을 작성합니다. 저는 "운영팀 요청 프로젝트"라고 적었습니다. ❷ 선택 사항이지만 [Description]에 새 프로젝트 보드에 대한 설명을 작성합니다.

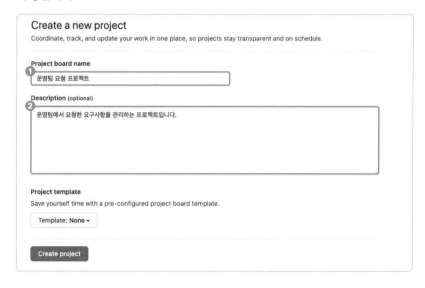

04 이제 프로젝트 템플릿^{Project template}을 선택합니다. 이번 장에서는 깃허브의 이슈와 프로젝트 보드를 함께 다루기 때문에 이슈의 상태에 따라 작업 상태가 변경되는 Automated kanban을 선택하겠습니다.

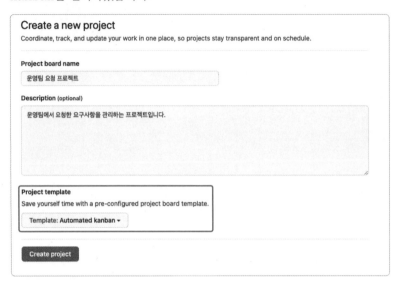

05 [Create project] 버튼을 클릭하여 새 프로젝트 보드 생성을 완료합니다.

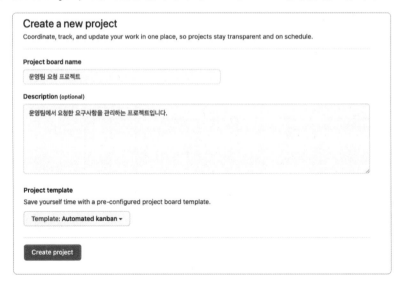

프로젝트 보드 생성을 마치면, 다음과 같은 화면을 확인할 수 있습니다.

기본적으로 To do, In progress, Done 작업 상태열을 만들어줍니다. 필요하다면 우측 [Add column]을 선택하여 작업 상태열을 추가할 수 있습니다.

06 프로젝트 보드 생성 시 기본적으로 생성해주는 카드는 한 번 살펴본 후 ❶ ⋯ 아이콘 → ❷ [Delete note]를 클릭해 삭제합니다.

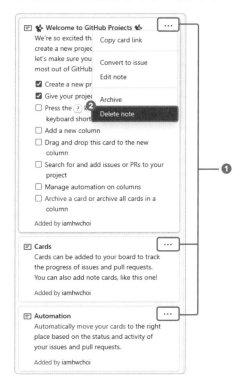

이제 다음 절에서 깃허브 이슈와 프로젝트 보드를 함께 사용하여 작업을 관리하는 방법을 살펴보 겠습니다.

4.5 이슈와 프로젝트 보드 함께 살펴보기

앞에서 살펴본 것처럼 깃허브의 이슈Issues는 프로젝트 작업, 개선 사항, 오류 추적 등을 위한 도구 입니다. 이슈 도구만 사용해도 작업을 관리할 수 있지만 프로젝트 보드와 함께 사용할 때 작업 관 리 효율성은 더 증가합니다. 이제 깃허브의 이슈와 프로젝트 도구를 함께 사용해보겠습니다.

4.5.1 프로젝트에 이슈 추가하기

특정 프로젝트에 이슈를 추가하는 방법을 살펴보겠습니다.

To Do 이슈에서 프로젝트 지정

이전에 생성했던 메인 '페이지 타이틀 변경' 이슈에 프로젝트를 지정해보겠습니다. 프로젝트를 지 정하면, 해당 이슈는 특정 프로젝트 안에서 관리됩니다.

01 깃허브 원격 저장소에서 ❶ [Issues] → ❷ 기존에 생성한 이슈를 선택합니다.

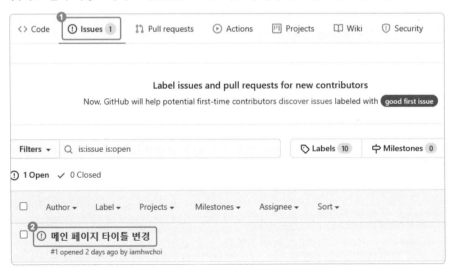

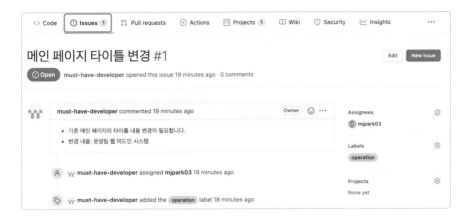

02 ❶ [Projects]의 설정 아이콘 ⚙ → ❷ [운영팀 요청 프로젝트]를 클릭합니다.

03 ❶ [Project] 탭을 누르고 ❷ 해당 보드를 클릭합니다(여기서는 '운영팀 요청 프로젝트').

그러면 다음과 같이 이슈가 추가된 것을 확인합니다.

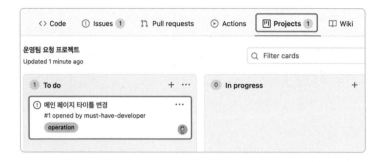

프로젝트에서 이슈 추가

이슈에서 프로젝트를 지정하는 것 외에도, 특정 프로젝트에서 이슈를 직접 추가할 수 있습니다.

01 ❶ [Issues] 탭 → ❷ [New issue] 버튼을 클릭합니다.

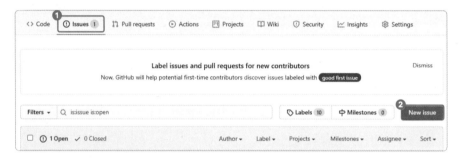

02 ❶ '메인 페이지 본문 변경'을 적고 ❷ 간단한 소개를 적고 ❸ [Submit new issue]를 클릭해 이슈를 생성해주세요.

03 ❶ [Project] 탭을 누르고 ❷ 해당 보드를 클릭합니다(여기서는 '운영팀 요청 프로젝트').

04 [Add cards]를 선택한 후 보이는 화면에서 프로젝트에 추가되지 않은 이슈를 확인한 후 클릭합니다.

05 ❶ [Projects]의 설정 아이콘 ⚙ → ❷ [운영팀 요청 프로젝트]를 클릭합니다. ❸ 빈공간에서 마우스 좌클릭하면(여기서는 새로고침의 의미입니다) ❹ 이슈가 [To do] 카드에 추가됩니다.

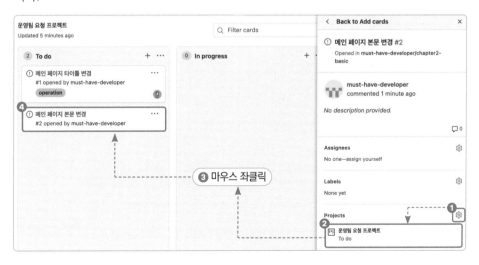

4.5.2 프로젝트에서 이슈 상태 변경하기

특정 프로젝트에서 이슈 상태를 관리하는 방법은 간단합니다. 상태열에 있는 작업 카드를 마우스로 드래그해서 이동시키면 됩니다.

To Do 이슈 상태 변경하기

이슈를 [In progress] 상태열로 이동하여 현재 작업 중임을 나타내보겠습니다.

01 ❶ [Projects]의 설정 아이콘 ⚙ → ❷ [운영팀 요청 프로젝트]를 클릭합니다.

02 '메인 페이지 타이틀 변경' 이슈를 마우스로 드래그해 [In progress]에 놓습니다.

03 [Issues] 탭 → '메인 페이지 타이틀 변경'을 클릭하면 다음과 같이 작업 내역을 확인할 수 있습니다.

[To do]에서 [In progress] 상태로 변경되었다는 내역이 잘 나타나는군요.

To Do **이슈 완료 처리하기**

이제 프로젝트 내에서 이슈를 Done 상태로 변경하고 닫아보겠습니다. 작업을 완료해 [Done] 상태로 변경했으니 이제 이슈를 닫는 것이 프로젝트 관리에 효율적이겠죠? 이슈 닫기까지 진행해보겠습니다.

01 ❶ [Projects]의 설정 아이콘 ⚙ → ❷ [운영팀 요청 프로젝트]를 클릭합니다.

02 '메인 페이지 타이틀 변경' 이슈를 마우스로 드래그해 [Done]에 놓습니다.

03 이 상태에서 작업 카드를 열고 이슈를 닫아보겠습니다.
❶ '메인 페이지 타이틀 변경' → ❷ 팝업 창에서
[Close issue]를 클릭합니다.

그러면 해당 이슈는 완료되어 닫히게 됩니다.

04 [Issues] 탭을 클릭해 이슈 목록을 다시 확인해볼까요?

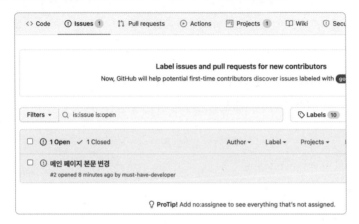

'메인 페이지 타이틀 변경'이라는 이슈가 Open 목록에서 사라진 것을 확인할 수 있습니다.

05 ❶ [Closed]를 클릭해서 ❷ 닫힌 이슈를 확인해볼까요?

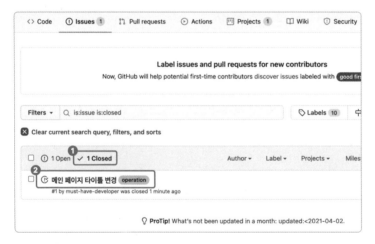

프로젝트에서 닫기 처리를 했던 이슈가 [Closed] 목록에 있는 것을 확인할 수 있습니다.

학습 마무리

이번 장에서는 협업에 필요한 기능을 살펴보았습니다. [Issues] 탭에서 특정 작업을 이슈로 생성하고, [Projects] 탭에서 해당 이슈의 진행 상황을 프로젝트를 이용하여 추적합니다.

다음 장에서는 협업에 필요한 깃의 기능을 학습하겠습니다.

새로 배운 기능 모아보기

기능	설명
저장소 협업자	특정 원격 저장소에서 여러 명이 협업할 때, 협업자를 저장소에 등록하는 기능
이슈	특정 프로젝트의 작업, 개선 사항, 오류 등을 추적하기 위한 도구
라벨	이슈의 성격을 구분짓고 관리하는 도구
프로젝트 보드	작업 및 우선순위 관리하는 도구

협업을 위한 깃 명령어 살펴보기

☐ 학습 목표	한 프로젝트에서 여러 명이 협업할 때 필요한 깃 명령어 사용법을 습득합시다. 각자 맡은 기능을 개발하기 전 필요한 작업 방법과 개발 완료 후 다른 사람이 만든 기능을 병합하는 방법을 다룹니다. 프로젝트는 협업의 결과물입니다. 따라서 협업을 위해 깃을 사용한다면 이번 장에서 학습할 명령어에 반드시 익숙해져야 합니다.
☐ 학습 순서	**1** 브랜치 생성하기 **2** 브랜치 병합하기 **3** 충돌 해결하기 **4** 풀 리퀘스트 요청하기

5.1 브랜치 생성하기

한 프로젝트를 기반으로 어떤 개발자는 새로운 기능을 개발하고, 다른 개발자는 버그를 수정할 수도 있습니다. 동일한 프로젝트를 기반으로 서로 다른 버전의 코드를 만들어낼 수 있다는 말이죠. 이러한 작업을 위한 기능인 브랜치를 알아보겠습니다.

5.1.1 브랜치란?

브랜치^{branch}란 프로젝트 기준 코드인 main 브랜치로부터 독립적인 작업 공간을 만들어주는 기능입니다. 여러 개발자가 서로 다른 버전의 코드를 만들 때 서로의 작업에 영향을 주고받지 않기 위해 필요합니다. 우리는 지금까지 브랜치라는 개념을 사용했습니다. 실습을 진행했던 mastering-git-github 프로젝트를 열고 `git status` 명령어를 실행해 현재 파일 상태를 확인해볼까요?

```
mastering-git-github % git status
On branch main
nothing to commit, working tree clean
```

'On branch main' 즉, 우리는 지금까지 main 브랜치에서 작업하고 커밋을 생성했습니다.

main 브랜치는 깃에서 기본적으로 제공하는 브랜치이기 때문에 별도로 생성하는 과정 없이도 사용할 수 있었죠.

우리는 main 브랜치를 기준이 되는 브랜치로 사용하겠습니다.[1] 참고로 main 브랜치는 다음 그림과 같은 상태를 가질 수 있습니다.

▼ 커밋과 main 브랜치

main 브랜치는 커밋 3을 바라보고 있고, main 브랜치의 커밋 내역에는 커밋 1, 커밋 2, 커밋 3이 포함되어 있습니다.

이제 실습 프로젝트의 현재 브랜치 상태를 같이 확인해볼까요? 다음 명령어를 실행해봅시다.

명령어 `git log --pretty=oneline --graph`

```
mastering-git-github % git log --pretty=oneline --graph
* 255eb26c90bce40d348eeee7d1ebc8f71565115b (HEAD -> main, origin/main) Add
hotline to main page ❶
* 83eacd81833cca3a5be10313009655b4da21028e Change the title of main page ❷
* 39c6f390d12a489c55f21cd318cbf22897ecc4d6 Add initial files and .gitignore ❸
```

2장에서 학습한 것처럼 커밋 체크섬은 커밋을 식별하는 고유한 데이터이기 때문에 여러분의 커밋 체크섬은 이 책의 예제와 다를 겁니다. 이 명령어 실행 결과를 기반으로 커밋과 브랜치 상태를 도식화하면 다음과 같습니다.

---

1 기준 브랜치는 프로젝트/팀 규칙과 상황에 따라 달라질 수 있습니다.

▼ 실습 프로젝트의 커밋과 main 브랜치

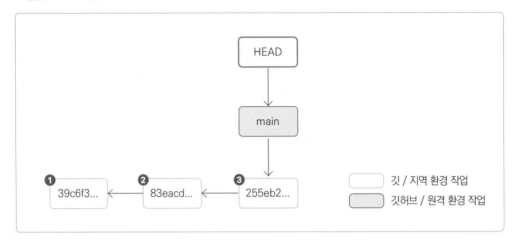

main 브랜치는 가장 최근에 생성된 커밋 ❶을 바라보고 있습니다. 또한 2장에서 살펴본 것처럼 HEAD 포인터는 현재 작업하는 곳(브랜치)의 최종 커밋을 바라봅니다. 즉, 현재 프로젝트의 HEAD 포인터는 main 브랜치에서 작업 중이며, main 브랜치는 가장 최근 커밋을 바라봅니다.

브랜치를 생성하는 방법은 2가지입니다.

1 깃허브 원격 저장소에서 생성 후, 지역 저장소로 가져오기
2 지역 저장소에서 생성 후, 원격 저장소에 반영하기

이제 브랜치를 생성하는 각 방법을 차례대로 살펴봅시다.

5.1.2 깃허브 원격 저장소에서 브랜치 생성하기

깃허브 원격 저장소에서 브랜치를 생성 후, 지역 저장소로 가져오는 방법을 살펴보겠습니다.

To Do 01 깃허브에서 원하는 저장소를 선택합니다. 저는 실습 프로젝트인 mastering-git-github 저장소를 사용하겠습니다.

02 ❶ [main]을 클릭해 뜨는 셀렉트 박스에서 ❷ 텍스트 입력창에 test/remote-branch라는 새로운 브랜치명을 입력합니다.

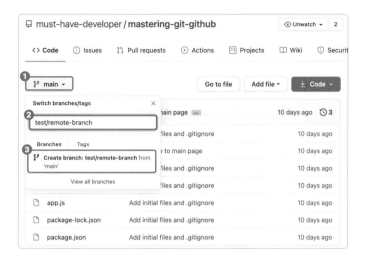

그림에서 보이는 것과 같이 기존에 없던 새로운 브랜치명을 입력하면 [Branches] 탭에 ❸ 'Create branch: [new branch] from main'이 활성화됩니다. 'from main'에서 알 수 있듯이 새로운 브랜치는 현재 main 브랜치의 최신 상태를 기준으로 생성됩니다.

03 'Create branch: [new branch] from main'을 클릭하여 새로운 브랜치를 생성합니다. 새로운 브랜치 생성을 완료하면 다음 그림과 같이 현재 브랜치의 상태가 변경됩니다.

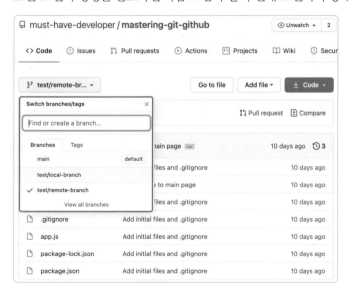

브랜치 생성 이전에는 main 브랜치에 ✓ 체크가 되어 있었지만, 새로 추가된 test/remote-branch 브랜치에 ✓ 체크가 되어 있습니다.

원격 저장소에 새로운 브랜치를 생성했으니, 이제 지역 저장소로 새로운 브랜치를 가져와야
겠죠? 실습 프로젝트의 터미널을 띄웁니다.

04 터미널에서 `git remote update` 명령어를 실행하여 지역 저장소에 원격 저장소의 상태를
갱신합니다.

`git remote update`

```
mastering-git-github % git remote update
Fetching origin
From https://github.com/must-have-developer/mastering-git-github
 * [new branch]      test/remote-branch -> origin/test/remote-branch ❶
```

해당 명령어는 우리가 지역 저장소에 등록한 원격 저장소의 최신 정보를 가져옵니다. ❶에서
원격 저장소에서 만든 새로운 브랜치 정보를 가져왔다는 사실을 확인할 수 있습니다.

05 `git branch` 명령어를 실행해 지역 저장소와 원격 저장소의 브랜치 정보를 확인합니다. `-a`
옵션은 지역 저장소와 원격 저장소의 브랜치 정보를 함께 보여줍니다.

`git branch -a`

```
mastering-git-github % git branch -a
* main ❶
  remotes/origin/main ❷
  remotes/origin/test/remote-branch ❸
```

❶ * main은 지역 저장소의 main 브랜치를 의미하며 * 표시는 현재 작업 중인 브랜치를
의미합니다. ❷와 ❸처럼 'remotes/origin' 접두사가 붙은 브랜치는 원격 저장소, 특히
origin 식별자로 등록한 원격 저장소의 브랜치를 의미합니다. 원격 저장소에는 ❷ main과
❸ test/remote-branch 브랜치가 존재한다는 사실을 확인할 수 있습니다.

06 git checkout 명령어로 원격 저장소에서 생성한 브랜치를 지역 저장소의 작업 브랜치로 설
정합니다.

`git checkout -t <브랜치명>`

```
mastering-git-github % git checkout -t origin/test/remote-branch
```

origin 원격 저장소의 test/remote-branch 브랜치를 지역 저장소의 작업 브랜치로 설정했습니다. 이제 지역 저장소에도 test/remote-branch 브랜치가 생성되었으며 필요한 작업을 진행할 수 있습니다. "remotes" 접두사를 제외하고 명령어를 실행한 점을 주의하세요.

▼ git checkout 명령어 주요 옵션

옵션	설명	실행 결과 예
	사용할 브랜치를 지정합니다.	`git checkout`
-b	브랜치를 생성하고 사용할 브랜치로 지정합니다.	`git checkout -b`
-t	원격 저장소에서 생성한 브랜치를 지역 저장소에서 사용할 브랜치로 지정합니다.	`git checkout -t`

07 마지막으로 브랜치 정보 확인 명령어를 다시 실행해봅시다.

```
mastering-git-github % git branch -a
  main
* test/remote-branch ❶
  remotes/origin/main
  remotes/origin/test/remote-branch
```

이전에 실행한 것과 달리 지역 저장소에 ❶ test/remote-branch가 추가되었습니다. 또한 작업 브랜치(*)가 갱신되었습니다.

`git branch` 명령어의 몇 가지 옵션을 함께 살펴봅시다.

▼ git branch 명령어 주요 옵션

옵션	설명	실행 결과 예

-a	지역 저장소와 원격 저장소의 브랜치 정보를 함께 보여 줍니다.	`git branch -a`
		`  main`
		`* test/remote-branch`
		`  remotes/origin/main`
		`  remotes/origin/test/remote-branch`

-d	브랜치 삭제	명령어 `git branch -d <브랜치명>`
		
		`git branch -d test/deleted`
		`Deleted branch test/deleted (was 157825d).`

-l	지역 저장소의 브랜치 정보를 보여줍니다. 참고로 -l 옵션은 생략 가능하여 git branch 명령어만 실행해도 같은 결과를 얻을 수 있습니다.	```git branch -l main * test/remote-branch```
-r	원격 저장소의 브랜치 정보를 보여줍니다.	```git branch -r origin/main origin/test/remote-branch```
-v	지역 저장소의 브랜치 정보를 최신 커밋 내역과 함께 보여줍니다.	```git branch -v main 255eb26 Add hotline to main page * test/remote-branch 255eb26 Add hotline to main page```

5.1.3 지역 저장소에서 깃을 통해 브랜치 생성하기

이번에는 지역 저장소에서 깃 명령어로 새로운 브랜치를 생성한 후, 원격 저장소에 반영해보겠습니다. 이전 실습에 이어서 진행됩니다.

To Do **01** 다음 명령어를 실행하여 현재 작업 중인 브랜치를 확인합니다.

명령어 `git branch -l`

```
mastering-git-github % git branch -l
   main
 * test/remote-branch
```

5.1.2절에서 새로 생성된 test/remote-branch로 현재 작업 브랜치가 변경되었습니다. main 브랜치를 기준으로 새로운 브랜치를 생성하려면 현재 작업 브랜치를 main 브랜치로 변경해야 합니다.

02 `git checkout` 명령어를 실행해 작업 브랜치를 main 브랜치로 변경합니다.

명령어 `git checkout main`

```
mastering-git-github % git checkout main
Switched to branch 'main'
```

03 작업 브랜치가 변경되었는지 확인합니다.

```
mastering-git-github % git branch -l
* main
  test/remote-branch
```

의도대로 main 브랜치로 변경되었습니다. 이제 main 브랜치를 기준으로 새로운 브랜치를 생성해볼까요?

04 git branch 명령어를 실행하여 새로운 브랜치를 생성합니다.

`git branch {새로운 브랜치명}`

```
mastering-git-github % git branch test/local-branch
```

05 새로운 브랜치가 생성되었는지 확인합니다. 원격 저장소의 브랜치까지 함께 확인하는 -a 옵션을 사용합니다.

```
mastering-git-github % git branch -a
* main ❶
  test/local-branch ❷
  test/remote-branch
  remotes/origin/main
  remotes/origin/test/remote-branch
```

❷ test/local-branch라는 새로운 브랜치가 정상적으로 생성됐습니다. 하지만 아직 ❶ 현재 작업 브랜치는 main 브랜치입니다. 또한, 'remotes/origin/' 접두사가 붙은 test/local-branch는 없는 것으로 보아 원격 저장소에는 아직 반영되지 않았네요.

06 git checkout 명령어를 실행해 새로운 브랜치를 작업 브랜치로 변경합시다.

```
mastering-git-github % git checkout test/local-branch
Switched to branch 'test/local-branch'
```

07 이제 지역 저장소에서 생성한 새로운 브랜치를 원격 저장소에 반영해봅시다.

```
mastering-git-github % git push origin test/local-branch
Total 0 (delta 0), reused 0 (delta 0), pack-reused 0
remote:
```

```
remote: Create a pull request for 'test/local-branch' on GitHub by visiting:
remote:         https://github.com/must-have-developer/mastering-git-github/
pull/new/test/local-branch
remote:
To https://github.com/must-have-developer/mastering-git-github.git
 * [new branch]      test/local-branch -> test/local-branch
```

origin 식별자로 저장된 원격 저장소에 'test/local-branch'를 반영했습니다. 실제로 잘 반영이 되었는지 깃허브 원격 저장소에서 확인해볼까요?

08 ❶ 깃허브에서 mastering-git-github 저장소에 접속합니다(이미 브라우저로 접속해두었다면 새로고침을 하세요). ❷ 브랜치를 선택하는 버튼을 눌러 ❸ 새 브랜치가 깃허브에 잘 반영되었는지 확인합니다.

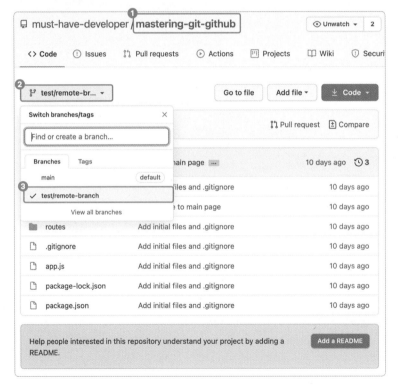

깃허브 원격 저장소에 test/local-branch가 반영되었습니다.

이렇게 원격 저장소에서 브랜치를 생성하여 지역 저장소에 반영하는 방법과, 지역 저장소에서 브랜치를 생성하여 원격 저장소에 반영하는 방법을 살펴보았습니다. 개발 도구에 따라, 개발 문화에 따라 적절한 방법을 선택해 활용하시기 바랍니다.

5.1.4 브랜치 삭제하기

더는 필요하지 않은 브랜치를 삭제해야 하는 경우도 있습니다.

다음 명령은 지역 저장소의 브랜치를 삭제합니다.

명령어 `git branch -d {브랜치명}`

다음 명령은 원격 저장소의 브랜치를 삭제합니다.

명령어 `git push origin -d {브랜치명}`

지역 저장소에 새로운 브랜치를 생성한 후, 명령어를 통해 삭제해보겠습니다.

To Do **01** 다음 명령어를 실행하여 새로운 브랜치를 생성합니다.

```
mastering-git-github % git branch test/deleted
```

02 브랜치 정보를 확인합니다.

```
mastering-git-github % git branch -a
* main
  test/deleted
  test/local-branch
  test/remote-branch
  remotes/origin/main
  remotes/origin/test/remote-branch
```

03 새로 생성한 브랜치를 다음 명령어를 통해 삭제합니다.

```
mastering-git-github % git branch -d test/deleted
Deleted branch test/deleted (was 157825d).
```

04 다시 브랜치 정보를 확인하여, 브랜치가 삭제되었는지 확인해봅시다.

```
mastering-git-github % git branch -a
* main
  test/local-branch
  test/remote-branch
  remotes/origin/main
  remotes/origin/test/remote-branch
```

의도한 대로 test/deleted 브랜치가 삭제되었습니다. 원격 저장소의 브랜치 역시 지역 저장소 터미널 환경에서 `git push origin --delete {브랜치명}` 명령을 실행해 삭제 가능합니다.

5.2 브랜치 병합하기

앞에서 기준 브랜치에서 새로운 작업 브랜치를 생성했습니다. 작업이 완료되면 기준 브랜치에 반영하는 작업이 필요하겠죠? 이 작업을 브랜치 병합이라고 합니다. 브랜치 병합을 살펴봅시다.

5.2.1 브랜치 병합이란?

새로운 작업 브랜치의 커밋 내역을 기준 브랜치에 반영하는 작업을 브랜치 병합이라고 합니다. 깃에서는 브랜치 병합 기능을 제공합니다. 두 브랜치를 비교하여 파일의 변경 내용을 비교하여 합칩니다.

병합의 개념을 알아봅시다. 먼저 5.1.3절에서 생성한 작업 브랜치와 기준 브랜치의 커밋 내역 상태를 확인해보겠습니다.

실습 프로젝트의 main 브랜치에서 다음 명령어를 실행합니다. 실습을 성실히 따라왔다면 현재 브랜치가 test/local-branch일 겁니다. 그렇다면 `git checkout main`을 실행해 main으로 브랜치를 바꾸고 실습해주세요.

```
mastering-git-github % git log --pretty=oneline --graph
* 255eb26c90bce40d348eeee7d1ebc8f71565115b (HEAD -> main, origin/test/remote-
branch, origin/test/local-branch, origin/main, test/remote-branch, test/local-
branch) Add hotline to main page ❶
```

```
* 83eacd81833cca3a5be10313009655b4da21028e Change the title of main page ❷
* 39c6f390d12a489c55f21cd318cbf22897ecc4d6 Add initial files and .gitignore ❸
```

가장 최근 커밋에서 ❶ "HEAD -> main, origin/test/remote-branch, origin/test/local-branch, origin/master, test/remote-branch, test/local-branch"를 확인할 수 있습니다. 현재 지역 저장소와 원격 저장소의 많은 브랜치가 동일한 커밋을 바라보고 있네요.

해당 커밋 내역 상태를 표현하면 다음 그림과 같습니다.

▼ 실습 프로젝트의 브랜치와 커밋 상태

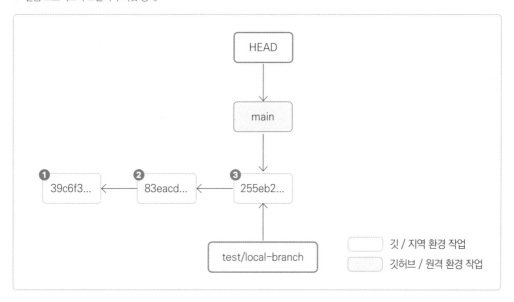

그림에서 보는 것처럼 지역 저장소의 test/local-branch 역시 main 브랜치와 동일한 커밋을 바라보고 있습니다. 그렇다면 test/local-branch를 작업 브랜치로 변경하여 새로운 커밋을 생성한 후 우리는 어떤 작업을 해야 할까요?

▼ 작업 브랜치에서 새로운 커밋 생성 후 병합 예시

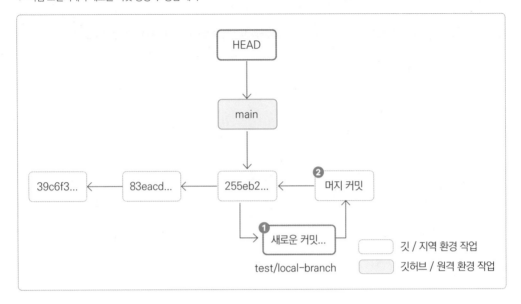

test/local-branch에서 ❶ 새로운 커밋을 생성했다고 가정하겠습니다. 이 커밋은 기준 브랜치인 main 브랜치가 아직은 알 수 없는 커밋이죠. 따라서 작업 브랜치(test/local-branch)에서 작업을 완료한 후 새로운 커밋을 main 브랜치에 반영하는 작업이 필요합니다. 반영 작업을 진행하면 ❷ 머지 커밋merge commit이라는 새로운 커밋이 생성됩니다(해당 커밋에는 test/local-branch에서 작업한 내용이 반영되어 있습니다). 이것이 병합이죠.

기준 브랜치에 작업 브랜치의 새로운 커밋을 반영하는 방법은 크게 두 가지이며 병합을 위한 추가적인 커밋 생성 여부로 기준을 세웠습니다. 이제 그 방법을 살펴보겠습니다.

5.2.2 빨리감기 병합 : fast forward

첫 번째로 설명할 병합 방법은 빨리감기 병합입니다(패스트 포워드fast forward 병합이라고도 합니다). main 브랜치를 기준으로 작업 브랜치를 생성한 후, 작업을 완료하여 main 브랜치에 병합을 시도합니다. 이때 main 브랜치에 새로운 커밋이 없다면 빨리감기 병합으로 진행됩니다. 즉, 기준 브랜치에 작업 브랜치의 새로운 커밋이 단순히 최신 커밋으로 더해지고, 기준 브랜치가 바라보는 최신 커밋만 변경됩니다.

실습 프로젝트를 기준으로 더 자세히 살펴볼까요?

To Do **01** 실습 프로젝트의 ❶ main 브랜치에서 새로운 브랜치를 생성 후, ❷ 새 브랜치를 작업 브랜치로 설정합니다.

```
mastering-git-github % git branch test/fast-forward
mastering-git-github % git checkout test/fast-forward
```

02 파일을 수정한 후, 새로운 커밋을 생성합니다. 저는 VSCode로 index.html 파일의 ❶ title 태그 내용을 수정하고 저장했습니다.

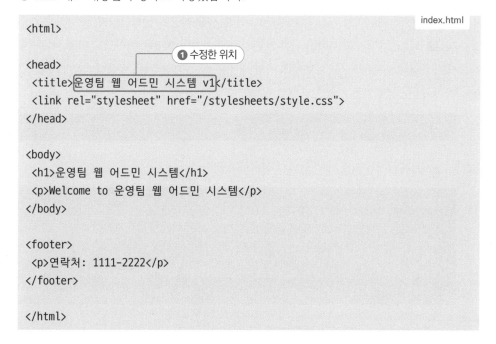

```
<html>                                                        index.html

<head>                            ❶ 수정한 위치
 <title>운영팀 웹 어드민 시스템 v1</title>
 <link rel="stylesheet" href="/stylesheets/style.css">
</head>

<body>
 <h1>운영팀 웹 어드민 시스템</h1>
 <p>Welcome to 운영팀 웹 어드민 시스템</p>
</body>

<footer>
 <p>연락처: 1111-2222</p>
</footer>

</html>
```

03 변경한 파일 추가 및 커밋 생성 명령을 실행합니다.

```
mastering-git-github % git add .
mastering-git-github % git commit -m "Change title"
[test/fast-forward 856ce3d] Change title
 1 file changed, 1 insertion(+), 1 deletion(-)
```

04 현재 커밋 내역의 상태를 확인합시다.

```
mastering-git-github % git log --pretty=oneline --graph
* 856ce3d46f12bb631b2d343346d960ea9315750a (HEAD -> test/fast-forward)
Change title ➊
* 255eb26c90bce40d348eeee7d1ebc8f71565115b (origin/test/remote-branch,
origin/test/local-branch, origin/main, test/remote-branch, test/local-
branch, main) Add hotline to main page ➋
* 83eacd81833cca3a5be10313009655b4da21028e Change the title of main page
* 39c6f390d12a489c55f21cd318cbf22897ecc4d6 Add initial files and .gitignore
```

➊ 현재 작업 브랜치인 test/fast-forward만 가장 최근에 생성한 커밋을 바라보고 있습니다. ➋ main 브랜치를 포함한 다른 브랜치들은 이전의 커밋을 바라보고 있죠. 이제 이 상태에서 test/fast-forward 브랜치의 작업 내용을 main 브랜치에 병합해보겠습니다.

05 다시 main 브랜치를 작업 브랜치로 변경합니다.

```
mastering-git-github % git checkout main
```

06 main 브랜치에서 커밋 내역을 다시 살펴볼까요?

```
mastering-git-github % git log --pretty=oneline --graph
* 255eb26c90bce40d348eeee7d1ebc8f71565115b (HEAD -> main, origin/test/
remote-branch, origin/test/local-branch, origin/main, test/remote-branch,
test/local-branch) Add hotline to main page
* 83eacd81833cca3a5be10313009655b4da21028e Change the title of main page
* 39c6f390d12a489c55f21cd318cbf22897ecc4d6 Add initial files and .gitignore
```

test/fast-forward에서 생성한 커밋(856ce3d46f12bb631b2d343346d960ea93157
50a)은 보이지 않습니다. 아직 새로운 브랜치의 작업 내용을 병합하지 않았기 때문이죠.

07 다음 명령어를 이용하여 test/fast-forward 브랜치의 작업 내용을 main 브랜치에 병합합니다.

```
mastering-git-github % git merge test/fast-forward
Updating 255eb26..856ce3d
Fast-forward
 public/index.html | 2 +-
 1 file changed, 1 insertion(+), 1 deletion(-)
```

명령어 실행 결과에서 Fast-forward가 보이시나요? 앞서 이야기한 것처럼, test/fast-forward를 main 브랜치를 기준으로 생성하고, test/fast-forward 브랜치의 작업 내용을 다시 main 브랜치에 병합할 때까지 main 브랜치에는 아무런 변경 내용이 없었기 때문에 빨리감기 병합 방식으로 이루어졌습니다.

08 병합 후, 커밋 내역을 다시 살펴봅니다.

```
mastering-git-github % git log --pretty=oneline --graph
* 856ce3d46f12bb631b2d343346d960ea9315750a (HEAD -> main, test/fast-forward)
Change title ①
* 255eb26c90bce40d348eeee7d1ebc8f71565115b (origin/test/remote-branch,
origin/test/local-branch, origin/main, test/remote-branch, test/local-
branch) Add hotline to main page ②
* 83eacd81833cca3a5be10313009655b4da21028e Change the title of main page ③
* 39c6f390d12a489c55f21cd318cbf22897ecc4d6 Add initial files and .gitignore ④
```

기존에는 존재하지 않았던 ① 커밋(856ce3d46f12bb631b2d343346d960ea9315750a)이 추가됐고, main 브랜치와 test/fast-forward 브랜치가 같은 커밋을 바라보고 있네요. 이 과정을 도식화한 다음 그림을 참고해주세요.

▼ main 브랜치에 test/fast-forward 브랜치 병합

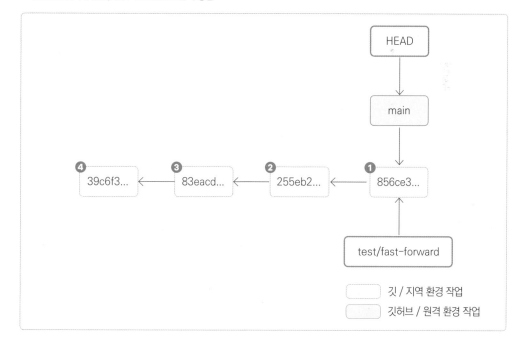

5.2.3 병합 커밋 생성 : merge commit

두 번째 병합 방법은 병합 커밋 생성입니다. 빨리감기 병합 방법과는 다르게 기준 브랜치에 변경이 존재하는 경우에 사용하는 방법입니다. 즉, 기준 브랜치와 새로운 작업 브랜치의 변경 내용을 하나로 합치는 작업이 필요하죠. 이 병합 방법도 실습을 통해서 더 살펴보도록 하겠습니다.

To Do **01** 새로운 작업 브랜치를 생성하는 대신, 5.1.3절 '깃에서 브랜치 생성하기'에서 생성한 test/local-branch를 작업 브랜치로 설정하겠습니다.

```
mastering-git-github % git checkout test/local-branch
```

참고로 이전 커밋 내역을 살펴보면 test/local-branch는 현재 main 브랜치와 다른 커밋을 바라보고 있습니다. 즉 main 브랜치를 기준으로 test/local-branch 브랜치를 생성했을 때와는 다르게 main 브랜치에 변경 내용이 존재합니다.

```
mastering-git-github % git log --pretty=oneline --graph --all
* 856ce3d46f12bb631b2d343346d960ea9315750a (main, test/fast-forward) Change
* title 255eb26c90bce40d348eeee7d1ebc8f71565115b (HEAD -> origin/test/
remote-branch, origin/test/local-branch, origin/main, test/remote-branch,
test/local-branch) Add hotline to main page
* 83eacd81833cca3a5be10313009655b4da21028e Change the title of main page
* 39c6f390d12a489c55f21cd318cbf22897ecc4d6 Add initial files and .gitignore
```

02 이번에도 파일 내용을 임의로 수정한 후 커밋을 생성하겠습니다. index.html 파일의 header 내용을 수정합니다.

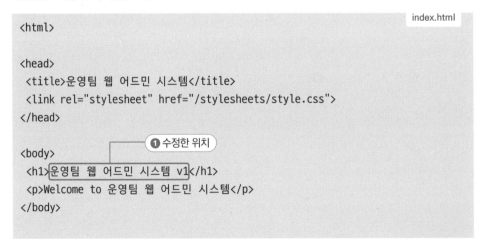

```
                                                              index.html
<html>

<head>
 <title>운영팀 웹 어드민 시스템</title>
 <link rel="stylesheet" href="/stylesheets/style.css">
</head>

                        ❶ 수정한 위치
<body>
 <h1>운영팀 웹 어드민 시스템 v1</h1>
 <p>Welcome to 운영팀 웹 어드민 시스템</p>
</body>
```

```
<footer>
 <p>연락처: 1111-2222</p>
</footer>

</html>
```

test/local-branch 브랜치를 생성할 당시에는 title 내용을 수정한 커밋이 반영되지 않은 상태였기 때문에 title의 값에 여전히 변경이 없습니다.

03 변경한 파일 추가 및 커밋 생성 명령을 실행합니다.

```
mastering-git-github % git add .
mastering-git-github % git commit -m "Change header"
[test/local-branch b6a1643] Change header
 1 file changed, 1 insertion(+), 1 deletion(-)
```

04 다시 main 브랜치를 작업 브랜치로 변경합니다.

```
mastering-git-github % git checkout main
```

05 `git merge` 명령어를 이용하여 test/local-branch 브랜치의 작업 내용을 main 브랜치에 병합합니다.

```
mastering-git-github % git merge test/local-branch
Merge branch 'test/local-branch'
# Please enter a commit message to explain why this merge is necessary,
# especially if it merges an updated upstream into a topic branch.
#
# Lines starting with '#' will be ignored, and an empty message aborts
# the commit.
```

빨리감기 병합과는 다르게 **git merge** 명령어를 실행하면 터미널 결과와 같이 커밋 작성 에디터가 나타납니다. 바로 이 부분이 기준 브랜치인 main 브랜치와 작업 브랜치인 test/local-branch 양쪽의 변경 내용을 하나로 합치는 과정입니다. 커밋 작성 에디터를 저장하고 빠져나옵니다.

```
Auto-merging public/index.html
Merge made by the 'recursive' strategy.
```

```
public/index.html | 2 +-
1 file changed, 1 insertion(+), 1 deletion(-)
```

Fast-forward 대신 Auto-merging이라는 결과를 확인할 수 있습니다.

06 병합을 완료했으니, 커밋 내역을 다시 살펴봅니다.

```
mastering-git-github % git log --pretty=oneline --graph
*    237039c5abbd9b7f534abfd0810aeb47af337827 (HEAD -> main) Merge branch
'test/local-branch' ❶
|\
| * b6a164330378e22235d3cb5a49557fc9849a76cd (test/local-branch) Change
header ❷
* | 856ce3d46f12bb631b2d343346d960ea9315750a (test/fast-forward) Change
title ❸
|/
* 255eb26c90bce40d348eeee7d1ebc8f71565115b (origin/test/remote-branch,
origin/test/local-branch, origin/main, test/remote-branch) Add hotline to
main page
* 83eacd81833cca3a5be10313009655b4da21028e Change the title of main page
* 39c6f390d12a489c55f21cd318cbf22897ecc4d6 Add initial files and .gitignore
```

다른 점이 보이나요? ❸ test/fast-forward 브랜치에서 작업 후 main 브랜치에 병합된 커밋과 ❷ test/local-branch 브랜치에서 작업 후 main 브랜치에 병합된 커밋이 하나의 병합 커밋으로 묶여 생성됐습니다. 다시 한번 말씀드리면 test/local-branch 브랜치를 main 브랜치 기준으로 생성할 당시에는 main 브랜치에 test/fast-forward 브랜치의 작업 커밋이 병합되지 않은 상태였습니다. 따라서 test/local-branch 브랜치의 작업 커밋을 반영할 때 main 브랜치에 양쪽 변경 내용이 반영된 것입니다.

▼ main 브랜치에 병합 커밋 생성

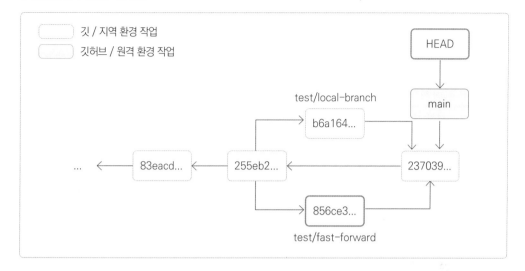

이렇게 두 가지 병합 방법을 알아보았습니다. 이번에는 병합할 때 충돌이 발생하는 상황을 살펴보겠습니다.

Tip 실제 프로젝트를 진행할 때 조직 그리고 프로젝트의 규모와 성격에 맞는 브랜치 전략을 수립하게 됩니다. 효율적으로 프로젝트의 브랜치와 배포 방법 등을 관리하기 위해서입니다. 깃허브에서는 브랜치 전략을 수립할 때 참고할 수 있는 깃 플로우(Gitflow)를 제공합니다. 깃허브에서 제공하는 것 외에도 다양한 깃 플로우가 존재하니 브랜치 전략을 수립할 때 참고하시길 바랍니다.

- https://guides.github.com/introduction/flow/

5.3 충돌 해결하기

지금까지 병합을 살펴보았고 특별한 문제 없이 병합이 완료됐습니다. 하지만 여러 개발자가 프로젝트를 진행하다 보면 병합 시, 충돌이 발생할 수 있습니다. 충돌이란 깃이 자동으로 병합을 완료할 수 없는 상황을 말합니다. 대부분은 두 명 이상이 각자의 작업 브랜치에서 동일한 코드를 수정한 후, 이를 병합할 때 충돌이 발생합니다. 깃 입장에서는 두 브랜치가 같은 파일의 동일한 코드를 수정했기 때문에 어떤 변경 내용을 최종적으로 반영해야 하는지 알 수 없습니다.

그럼 이제 충돌 상황을 만들어보고 이를 해결하는 방법을 살펴보겠습니다.

To Do 01 이번에도 새로운 작업 브랜치를 생성하는 대신, 5.1.2절 '깃허브 원격 저장소에서 브랜치 생성하기'에서 생성한 ❶ test/remote-branch를 작업 브랜치로 설정하겠습니다.

```
mastering-git-github % git checkout test/remote-branch
```

참고로 아래 커밋 내역에서 보이는 것처럼 현재 test/remote-branch는 기준 브랜치인 main 브랜치와 다른 커밋을 바라보고 있습니다. main 브랜치를 기준으로 test/remote-branch 브랜치를 생성한 이후, main 브랜치에는 새로운 커밋이 반영되었기 때문이죠.

```
mastering-git-github % git log --pretty=oneline --graph --all
*   237039c5abbd9b7f534abfd0810aeb47af337827 (main) Merge branch 'test/
local-branch'
|\
| * b6a164330378e22235d3cb5a49557fc9849a76cd (test/local-branch) Change
header
* | 856ce3d46f12bb631b2d343346d960ea9315750a (test/fast-forward) Change
title
|/
* 255eb26c90bce40d348eeee7d1ebc8f71565115b (HEAD -> origin/test/remote-
branch, origin/test/local-branch, origin/main, test/remote-branch) Add
hotline to main page
* 83eacd81833cca3a5be10313009655b4da21028e Change the title of main page
* 39c6f390d12a489c55f21cd318cbf22897ecc4d6 Add initial files and .gitignore
```

02 ❶ 5.2.3절에서 index.html 파일을 수정한 부분과 동일한 코드(h1 태그)를 수정한 후 ❷ 커밋을 생성합니다.

```
<footer>
 <p>연락처: 1111-2222</p>
</footer>

</html>
```

```
mastering-git-github % git add .
mastering-git-github % git commit -m "Change header"   ②
[test/remote-branch 3cfb8c6] Change header
 1 file changed, 1 insertion(+), 1 deletion(-)
```

03 다시 작업 브랜치를 main 브랜치로 변경합니다.

```
mastering-git-github % git checkout main
```

04 다음 명령어를 이용하여 test/remote-branch 브랜치의 작업 내용을 main 브랜치에 병합합니다.

```
mastering-git-github % git merge test/remote-branch
Auto-merging public/index.html
CONFLICT (content): Merge conflict in public/index.html
Automatic merge failed; fix conflicts and then commit the result.
```

충돌이 발생하여 자동 병합에 실패했습니다.

05 충돌이 발생한 index.html 파일을 확인합시다.

index.html
```
<html>

<head>
 <title>운영팀 웹 어드민 시스템 v1</title>
 <link rel="stylesheet" href="/stylesheets/style.css">
</head>

<body>
<<<<<<< HEAD ——( 구분 기호 )
```

```
<h1>운영팀 웹 어드민 시스템 v1</h1> ────── ❶ 현재 브랜치의 변경 내용
=======  ────── 구분 기호
<h1>운영팀 웹 어드민 시스템 v2</h1> ────── ❷ 병합하려는 브랜치의 변경 내용
>>>>>>> test/remote-branch ────── 구분 기호
 <p>Welcome to 운영팀 웹 어드민 시스템</p>
</body>

<footer>
 <p>연락처: 1111-2222</p>
</footer>

</html>
```

〈〈〈〈〈〈〈 HEAD … 〉〉〉〉〉〉〉 test/remote-branch 부분이 충돌을 알려주는 구문입니다.
❶ 구간은 현재 브랜치의 변경 내용이며, ❷ 구간은 병합하려는 브랜치의 변경 내용입니다.
이 내용을 참고하여 최종적으로 반영할 내용만 남겨두고 충돌을 알려주는 구문을 제거하면
됩니다.

06 다음과 같이 〈〈〈〈〈〈〈 HEAD … ======= … 〉〉〉〉〉〉〉 test/remote-branch를 제거하고
❶ 최종 변경 내용만 남긴 뒤 ❷ 저장합니다.

```
                                                                    index.html
<html>

<head>
 <title>운영팀 웹 어드민 시스템 v1</title>
 <link rel="stylesheet" href="/stylesheets/style.css">
</head>

<body>
 <h1>운영팀 웹 어드민 시스템 v2</h1>
 <p>Welcome to 운영팀 웹 어드민 시스템</p>
</body>

<footer>
 <p>연락처: 1111-2222</p>
</footer>

</html>
```

07 index.html 파일을 수정했으로 커밋을 생성합니다.

```
mastering-git-github % git add .
mastering-git-github % git commit -m "Resolve conflicts"
[main 9b5285a] Resolve conflicts
```

08 충돌이 잘 해결되어 병합이 완료되었는지 커밋 내역을 확인합시다.

```
mastering-git-github % git log --pretty=oneline --graph
*   9b5285ac6a1dff67ec7c7ca4b64514c211e85625 (HEAD -> main) Resolve conflicts
|\
| * 3cfb8c6c4f676474d47470c3e9bc55875754da20 (test/remote-branch) Change header
* | 237039c5abbd9b7f534abfd0810aeb47af337827 Merge branch 'test/local-branch'
|\ \
| * | b6a164330378e22235d3cb5a49557fc9849a76cd (test/local-branch) Change header
| |/
* / 856ce3d46f12bb631b2d343346d960ea9315750a (test/fast-forward) Change title
|/
* 255eb26c90bce40d348eeee7d1ebc8f71565115b (origin/test/remote-branch, origin/
test/local-branch, origin/main) Add hotline to main page
* 83eacd81833cca3a5be10313009655b4da21028e Change the title of main page
* 39c6f390d12a489c55f21cd318cbf22897ecc4d6 Add initial files and .gitignore
```

충돌을 해결한 후 생성한 커밋(Resolve conflicts)이 main 브랜치가 바라보는 가장 최신 커밋으로 잘 생성이 되었습니다. 또한 test/remote-branch의 커밋 내역이 포함된 것을 확인할 수 있습니다.

이렇게 두 브랜치 병합 시 발생할 수 있는 충돌과 해결 과정을 살펴보았습니다. 이제 병합을 하기 전, 작업 브랜치의 변경 내용을 동료들에게 공유하고 리뷰를 받는 풀 리퀘스트[pull request]를 살펴보겠습니다.

5.4 풀 리퀘스트 요청하기

지금까지 브랜치를 생성하고 병합하고 충돌을 해결하는 방법을 살펴보았습니다. 하지만 실제로 한 프로젝트에서 여러 개발자가 함께 작업할 때, 변경 내역에 대한 동료들의 피드백 없이 기준 브랜치에 병합하는 일은 위험할 수 있습니다. 동일한 프로젝트를 기반으로 작업하기 때문에 변경 내역이 동료들의 작업에 어떻게 영향을 주는지, 함께 만들어가는 프로젝트에 어떠한 변경이 생기는지 서로 확인하는 작업이 필요하기 때문이죠.

깃허브는 풀 리퀘스트 기능을 제공합니다. 이 기능을 통해 함께 작업하는 동료들에게 브랜치 병합 예정인 변경 내역 검토를 요청할 수 있습니다.

▼ 원격 저장소 메인 페이지의 [Pull requests]

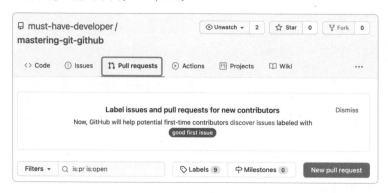

이제 풀 리퀘스트를 요청하고, 동료들의 검토를 받고, 기준 브랜치에 병합되는 과정을 자세히 살펴보겠습니다.

5.4.1 풀 리퀘스트 요청하기

To Do 01 풀 리퀘스트를 요청하기 위해 main 브랜치를 기준으로 ❶ 새로운 브랜치를 생성한 후 ❷ 작업 브랜치로 변경하겠습니다. 저는 계속해서 실습 프로젝트인 mastering-git-github를 사용합니다.

```
mastering-git-github % git branch feature/body-change ❶
mastering-git-github % git checkout feature/body-change ❷
```

02 ❶ 파일 내용을 수정 후, ❷ 새로운 커밋을 생성합니다. 저는 동일하게 index.html 파일을 수정하겠습니다.

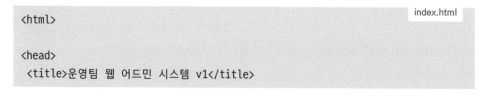

```
                                                          index.html
<html>

<head>
 <title>운영팀 웹 어드민 시스템 v1</title>
```

```
<link rel="stylesheet" href="/stylesheets/style.css">
</head>

<body>
 <h1>운영팀 웹 어드민 시스템 v2</h1>
 <p>Welcome to 운영팀 웹 어드민 시스템 v1</p>
</body>
                              ❶ 수정한 위치
<footer>
 <p>연락처: 1111-2222</p>
</footer>


</html>
```

```
mastering-git-github % git add .
mastering-git-github % git commit -m "Change body"
[feature/body-change e29b7fd] Change body
 1 file changed, 1 insertion(+), 1 deletion(-)
```

03 이제 이 변경 내역을 포함한 feature/body-change 브랜치를 원격 저장소에 반영합니다.

```
mastering-git-github % git push origin feature/body-change
Enumerating objects: 27, done.
Counting objects: 100% (27/27), done.
Delta compression using up to 4 threads
Compressing objects: 100% (24/24), done.
Writing objects: 100% (24/24), 2.07 KiB | 2.07 MiB/s, done.
Total 24 (delta 14), reused 0 (delta 0), pack-reused 0
remote: Resolving deltas: 100% (14/14), completed with 2 local objects.
remote:
remote: Create a pull request for 'feature/body-change' on GitHub by
visiting:
remote:        https://github.com/must-have-developer/mastering-git-github/
pull/new/feature/body-change
remote:
To https://github.com/must-have-developer/mastering-git-github.git
 * [new branch]      feature/body-change -> feature/body-change
```

04 깃허브 원격 저장소(mastering-git-github)의 메인 페이지 ❶ [〈〉 Code] 탭 → ❷ [main]
을 클릭해 ❸ feature/body-change 브랜치가 반영되었나 확인합니다.

이제 깃허브 원격 저장소에서 풀 리퀘스트를 생성합시다.

05 원격 저장소(mastering-git-github)의 메인 페이지에서 ❶ [Pull requests] 탭 →
❷ [New pull request] 버튼을 클릭합니다.

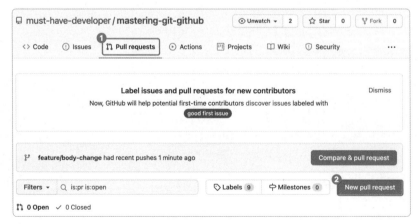

06 ❶은 변경 내역을 병합할 브랜치를, ❷는 변경 내역이 있는 작업 브랜치를 선택하는 곳입니다. 저는 ❶ base 브랜치로 main으로, ❷ compare 브랜치로 feature/body-change를 선택했습니다.

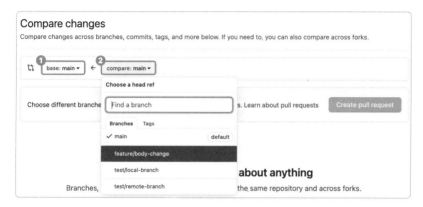

그러면 해당 페이지 하단에 그림과 같이 파일 단위로 변경 내역이 나타납니다.

현재 원격 저장소의 main 브랜치에 반영된 내용과 feature/body-change 브랜치에 반영된 내용 사이에 다른 내용을 모두 보여주게 됩니다.

07 변경 내역을 확인하고 [Create pull request] 버튼을 클릭합니다.

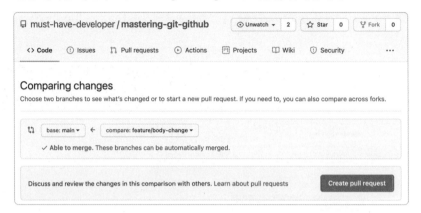

08 풀 리퀘스트 내용을 적는 화면이 나타납니다. ❶ 제목과 ❷ 설명을 작성한 후 → ❸ 해당 풀 리퀘스트의 변경 내용을 검토할 [Reviewers]를 지정합니다(원격 저장소에 Collaborator 로 등록된 사람만 지정할 수 있습니다. 4.1절 '저장소 협업자 등록하기' 참조). ❹ [Create pull request] 버튼을 클릭하여 풀 리퀘스트 생성을 완료합시다.

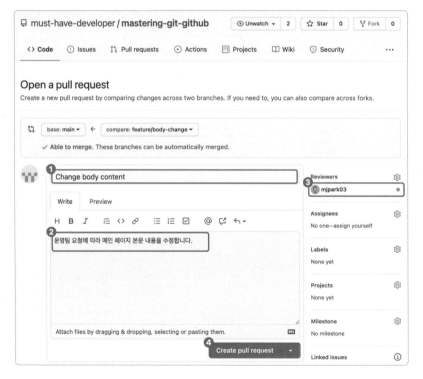

이렇게 풀 리퀘스트 생성을 완료했습니다. 이제 Reviewers로 지정된 사람은 풀 리퀘스트를 검토한 후 피드백을 주게 됩니다.

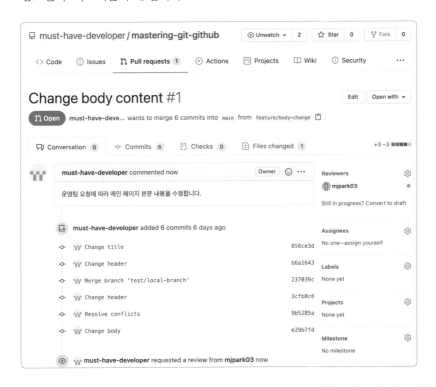

Tip 풀 리퀘스트 생성 시 Reviewers를 지정하지 않아도 생성 및 5.4.3절 '풀 리퀘스트를 기준 브랜치에 병합하기' 기능을 수행할 수 있습니다. 하지만 동료들의 피드백을 받기 위해 풀 리퀘스트를 생성하기 때문에 Reviewers를 지정하고 동료들의 피드백을 받은 후 병합하는 과정이 꼭 필요합니다.

5.4.2 풀 리퀘스트 검토하기

풀 리퀘스트 검토 방법을 알아봅시다.

To Do **01** Reviewer로 지정된 다른 계정으로 깃허브에 접속합니다.

02 ❶ 해당 프로젝트(mastering-git-github)로 이동한 뒤 ❷ [Pull requests]를 선택하여 상세 페이지로 이동합니다. 그러면 ❸ 풀 리퀘스트 목록이 보입니다. 'Change body content'를 클릭합니다.

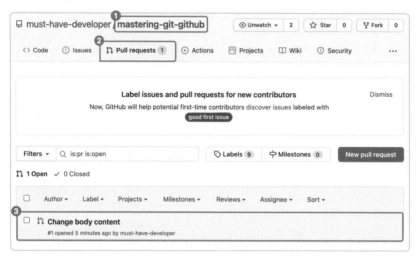

그러면 풀 리퀘스트의 상세 페이지가 나타납니다.

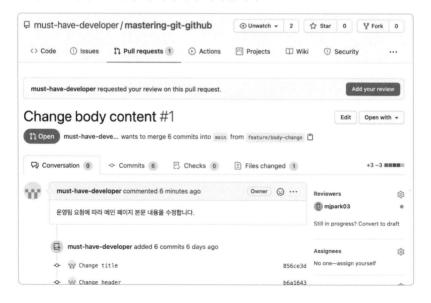

03 풀 리퀘스트 상세 페이지의 ❶ [Files changed]를 선택합니다.

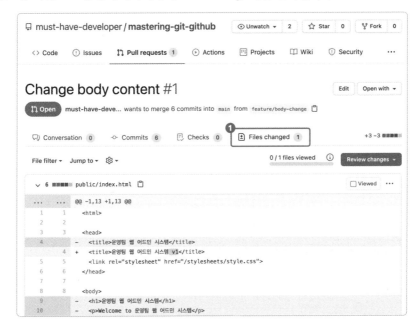

그러면 변경 내역을 파일 기준으로 확인할 수 있습니다. 이때 ❷ + 버튼을 클릭하여 각 변경 내역에 대한 코멘트를 작성할 수도 있습니다.

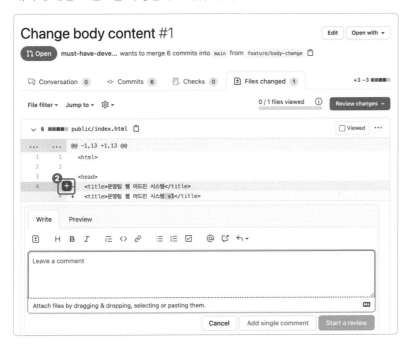

04 파일 변경 내역 확인 페이지에서 ❶ [Review changes] 버튼 클릭 → 팝업 창에서 ❷ 코멘트 작성 → ❸ [Approve] 선택 → ❹ [Submit review] 버튼을 클릭하며 해당 풀 리퀘스트를 승인합니다.

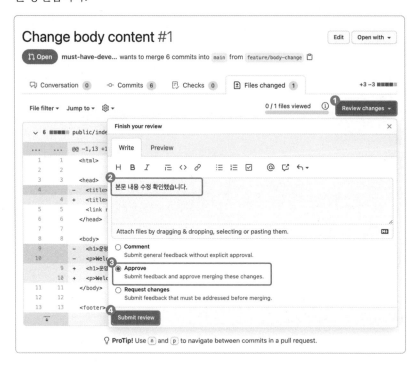

풀 리퀘스트 승인 후, 상세 페이지에서 [Reviewers]에서 승인이 완료되었다는 ☑ 표시를 확인할 수 있습니다.

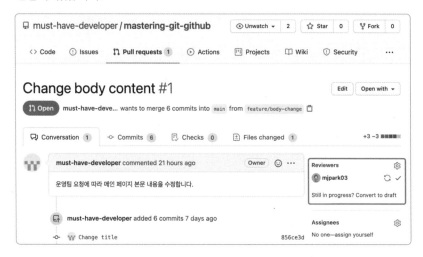

5.4.3 풀 리퀘스트를 기준 브랜치에 병합하기

해당 풀 리퀘스트를 기준 브랜치에 병합해봅시다.

To Do 01 다시 풀 리퀘스트 생성 계정으로 전환합니다.

02 해당 프로젝트(mastering-git-github)에서 [Pull requests]를 선택하여 상세 페이지로 이동합니다.

03 상세 페이지에 아래에서 [Merge pull request] 버튼이 보입니다. 병합 작업을 하는 버튼입니다. [Merge pull request] 버튼을 클릭하여 병합을 시작합니다.

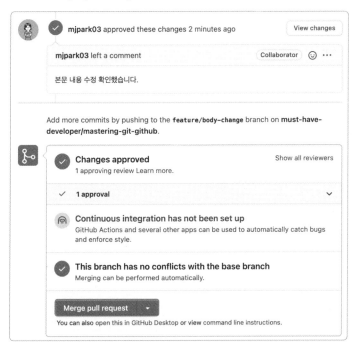

04 버튼을 클릭하면 그림처럼 병합 메시지를 작성하는 화면이 보입니다. ❶ 메시지를 적고 ❷ [Confirm merge] 버튼을 클릭하여 병합 작업을 완료합니다.

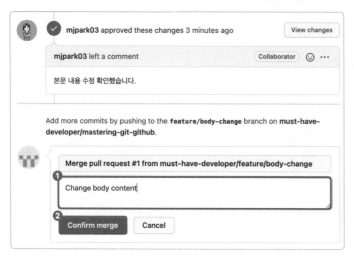

그러면 다음과 같이 'Pull request successfully merged and closed' 메시지가 나타납니다. 병합이 완료되었고 풀 리퀘스트가 닫혔다는 메시지입니다.

05 깃허브 원격 저장소 ❶ [〈〉 Code]에서 → ❷ main를 선택해 브랜치의 커밋 이력을 확인합니다. 풀 리퀘스트 내용이 정상적으로 반영되었습니다.

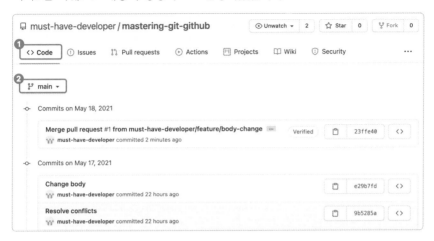

5.4.4 원격 저장소 최신 내역을 지역 저장소 브랜치 반영하기

아직 끝이 아닙니다. 다음 작업을 위해 지역 저장소의 기준 브랜치를 원격 저장소의 기준 브랜치와 동일하게 맞춰야 합니다.

원격 저장소 main 브랜치에 최신 변경 내역을 반영했으니 지역 저장소 main 브랜치에도 반영합시다.

To Do **01** 실습 프로젝트(mastering-git-github)에서 터미널을 엽니다.

02 현재 브랜치를 main 브랜치로 바꿉니다.

```
mastering-git-github % git checkout main
Switched to branch 'main'
```

03 원격 저장소 main 브랜치의 변경 내역을 가져옵니다.

명령어 `git pull {원격 저장소 식별자} {원격 저장소 브랜치}`

```
mastering-git-github % git pull origin main
remote: Enumerating objects: 1, done.
remote: Counting objects: 100% (1/1), done.
```

```
remote: Total 1 (delta 0), reused 0 (delta 0), pack-reused 0
Unpacking objects: 100% (1/1), 640 bytes ¦ 640.00 KiB/s, done.
From https://github.com/must-have-developer/mastering-git-github
 * branch            main        -> FETCH_HEAD
   255eb26..23ffe40  main        -> origin/main
Updating 9b5285a..23ffe40
Fast-forward
 public/index.html ¦ 2 +-
 1 file changed, 1 insertion(+), 1 deletion(-)
```

git pull 명령어는 원격 저장소의 변경 내역을 가져옵니다. origin 식별자가 가리키는 원격 저장소의 main 브랜치 변경 내역을 가져오라는 뜻이 되겠죠.

원격 저장소의 변경 내역을 지역 저장소로 가져오는 2가지 방법 : git fetch, git pull

원격 저장소의 변경 내역을 지역 저장소로 가져오는 방법은 크게 2가지입니다. 첫 번째는 이미 학습한 git pull 그리고 다루지 않은 git fetch입니다. git pull은 원격 저장소의 변경 내역을 가져와서 지역 저장소의 작업 브랜치에 병합까지 완료합니다. 반면 git fetch는 원격 저장소의 변경 내역을 가져올 뿐 지역 저장소의 작업 브랜치에 병합 작업은 하지 않습니다. 즉, git fetch 후 직접 git merge를 수행해 현재 작업 브랜치에 반영해야 합니다.

명령어 `git pull {원격 저장소 식별자} {원격 저장소 브랜치}`

---

04 커밋 내역을 확인합니다.

```
mastering-git-github % git log --pretty=oneline --graph
*   23ffe4040d7c707924bcd293efa9441ae95661e1 (HEAD -> main, origin/main)
Merge pull request #1 from must-have-developer/feature/body-change
¦\
¦ * e29b7fd7c01b110c97b7c4d1a16bff16297aa00c (origin/feature/body-change,
feature/body-change) Change body
¦ *   9b5285ac6a1dff67ec7c7ca4b64514c211e85625 Resolve conflicts
¦ ¦\
```

```
| | * 3cfb8c6c4f676474d47470c3e9bc55875754da20 (test/remote-branch) Change
header
| |/
|/|
| *   237039c5abbd9b7f534abfd0810aeb47af337827 Merge branch 'test/local-branch'
| |\
| | * b6a164330378e22235d3cb5a49557fc9849a76cd (test/local-branch) Change
header
| |/
|/|
| * 856ce3d46f12bb631b2d343346d960ea9315750a (test/fast-forward) Change title
|/
* 255eb26c90bce40d348eeee7d1ebc8f71565115b (origin/test/remote-branch, origin/
test/local-branch) Add hotline to main page
* 83eacd81833cca3a5be10313009655b4da21028e Change the title of main page
* 39c6f390d12a489c55f21cd318cbf22897ecc4d6 Add initial files and .gitignore
```

가장 최신 커밋을 통해 승인된 풀 리퀘스트가 반영된 것을 확인할 수 있습니다.

학습 마무리

한 프로젝트를 협업할 때 반드시 필요한 깃 명령어와 동료에게 리뷰를 받는 깃허브 풀 리퀘스트 기능을 살펴보았습니다.

작업을 시작하기 전 작업 브랜치를 생성하여 작업하고, 작업 후에는 풀 리퀘스트를 통해 동료들의 리뷰와 승인을 받고, 그렇게 승인받은 내용이 기준 브랜치에 병합되는 과정은 실제 프로젝트를 진행할 때 꼭 필요합니다. 일련의 과정에 익숙해지시길 바랍니다.

다음 장에서는 실제로 협업할 때 발생할 수 있는 시나리오로 실습해보겠습니다.

새로 배운 명령어 모아보기

명령어	기능	명령 형식
git branch	브랜치 확인	git branch -a
	브랜치 생성	git branch "생성할 브랜치명"
	브랜치 제거	git branch -d "삭제할 브랜치명"
git checkout	작업 브랜치 변경	git checkout "변경할 브랜치명"
git merge	브랜치 병합	git merge "병합할 브랜치명"
git pull	원격 저장소 변경 내역 가져오기	git pull "원격 저장소 식별자" "원격 저장소 브랜치"
git fetch	원격 저장소 변경 내역 가져오기	git fetch "원격 저장소 식별자" "원격 저장소 브랜치"

새로 배운 기능 모아보기

기능	설명
풀 리퀘스트	특정 브랜치의 새로운 변경 내용을 기준 브랜치에 반영하기 전, 협업자에게 변경 내용 검토를 요청하는 도구

Chapter

06

시나리오
깃&깃허브 협업 기능
실습하기

시나리오 깃&깃허브 협업 기능 실습하기

← → C ⓘ localhost:3000

운영팀 웹 어드민 시스템 v2

Welcome to 운영팀 웹 어드민 시스템 v1

접근 권한이 필요하신 분은 운영팀에 문의해주세요.

연락처: 1111-2222

operator@abc.com

난이도	★★★☆
프로젝트 이름	회사 운영팀을 위한 웹 어드민 시스템
저장소 이름	mastering-git-github
소스 코드	index.html
도구	깃, 깃허브, VSCode
미션	협업해 프로젝트 이슈 해결하라.
요구사항	개발 팀은 운영팀으로부터 다음과 같은 요구사항을 받았습니다. • 메인 페이지 설명 추가 : 접근 권한이 필요하신 분은 운영팀에 문의해주세요. • 메인 페이지 연락처 추가 : 이메일 주소
요구사항 해법	기호는 운영팀에게 전달받은 요구사항을 팀의 이슈로 등록합니다. 같은 팀의 희진은 해당 이슈를 확인 후, 코드를 수정하고 풀 리퀘스트를 생성하여 동료에게 검토를 받아 이슈를 해결합니다.

☐ 학습 목표	지금까지 학습한 깃/깃허브 협업 기능 및 명령어를 실제 업무에서 발생할 법한 시나리오 기반으로 실습해봅니다. 팀 프로젝트 내에 요구사항이 등록되고, 해당 요구사항이 개발되어 반영되는 과정을 실제로 따라해봅시다.
☐ 학습 순서	1 프로젝트 소개 2 협업 시나리오 준비 작업 3 우리팀 저장소에 이슈 등록하기 : 개발자 기호 4 우리팀 저장소에 이슈 개발 후 반영하기 : 개발자 희진 5 풀 리퀘스트 검토 및 승인

6.1 프로젝트 소개

실습을 진행할 프로젝트를 간단히 알아봅시다. 이번 실습에서는 프로젝트의 이슈 관리를 위해 깃 허브 프로젝트 보드의 자동화된 칸반automated kanban을 사용합니다.

이 실습을 진행하기 위해 등장하는 인물에 대해 간략히 설명합니다. 기호랑 희진은 한 팀으로 동 일한 프로젝트에서 협업하고 있습니다.

이름	계정	이번 실습에서 역할
미정	mjpark03	팀 관리자
기호	must-have-developer	이슈를 생성합니다.
희진	must-have-developer-2 (협업자 계정 등록)	등록된 이슈를 확인하고 이를 개발합니다.

기호 계정(must-have-developer)은 1단계에서 생성해 사용했죠? 미정 계정은 여러분 개인 계 정으로 대체해서 사용하시면 됩니다. 희진 계정(must-have-developer-2)은 이번 장에서 함께 만들어볼 겁니다.

6.1.1 현재 프로젝트 확인하기

실습을 진행하기 전, 현재 프로젝트의 애플리케이션 상태를 확인합시다. 코드는 다음과 같습니다.

```html
                                                                    index.html
<html>

<head>
 <title>운영팀 웹 어드민 시스템 v1</title>
 <link rel="stylesheet" href="/stylesheets/style.css">
</head>

<body>
 <h1>운영팀 웹 어드민 시스템 v2</h1>
 <p>Welcome to 운영팀 웹 어드민 시스템 v1</p>
</body>

  <footer>
    <p>연락처: 1111-2222</p>
  </footer>

</html>
```

To Do **01** mastering-git-github 프로젝트를 열고 터미널에서 다음 명령어를 실행하여 express 서버를 실행합니다.

```
mastering-git-github % npm start
```

02 웹 브라우저를 열고 localhost:3000/에 접속하여 애플리케이션을 확인합니다.

STEP 1 # 6.2 협업 시나리오 준비 작업

이번 협업 시나리오에서는 3장에서 사용한 mastering-git-github 저장소를 사용합니다. 본격적으로 진행하기에 앞서 협업자 계정을 등록, 프로젝트 보드 생성, 이슈 라벨 생성 작업을 진행해 봅시다. 준비 작업에 대한 상세한 내용은 4장 '협업을 위한 깃허브 기능 살펴보기'를 참고하세요.

To Do **01** 협업자 계정을 등록합니다.

본 실습을 위해 깃허브 mastering-git-github 원격 저장소에 must-have-developer-2 계정을 협업자Collaborator로 미리 등록합니다. 4장에서 학습한 것처럼 깃허브 원격 저장소의 협업자는 ❶ [Settings] → ❷ [Manage access] → ❸ [Invite a collaborator] 메뉴를 이용하여 등록할 수 있습니다.

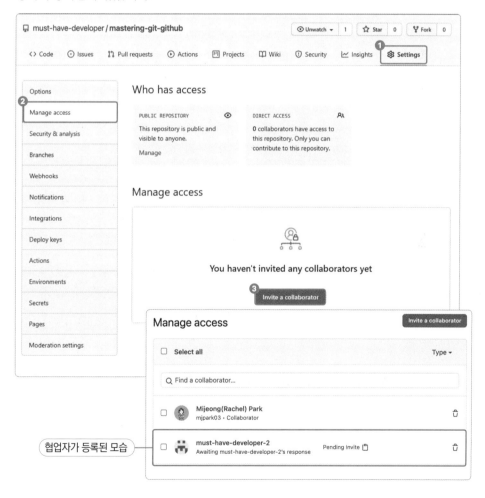

협업자가 등록된 모습

02 깃허브 mastering-git-github 원격 저장소에서 ❶ [Projects] → ❷ [Create a project]를 클릭합니다. ❸ [Project board name]을 'Operation v1'으로 채우고 → ❹ [Project template]에서 Automated kanban 선택 → ❺ [Create project]를 클릭합니다(새로 생성된 보드에 기본 제공되는 이슈를 지워주세요).

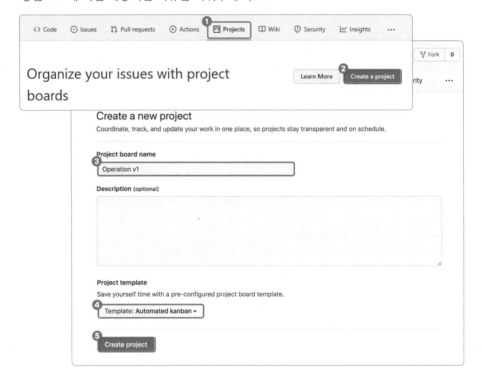

03 이제 operation이라는 새로운 이슈 라벨을 생성합니다. 4장에서 학습한 것처럼 원격 저장소의 [Issues] 탭을 통해 생성하거나 이슈 생성 화면의 [Labels] 항목에서 생성하면 됩니다. 여기서는 ❶ [Issues] → ❷ [Labels] → ❸ [New labels]을 클릭하고 → ❹ [Labels name]에 'operation'을 입력하고 → ❺ [Create label]을 클릭해 생성했습니다.

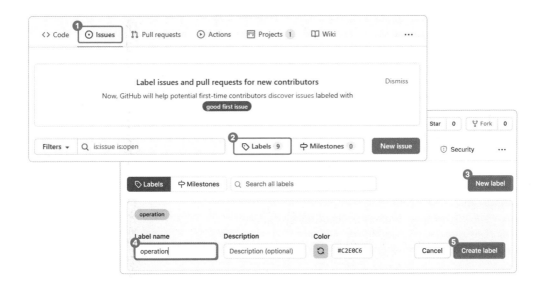

6.3 우리팀 저장소에 이슈 등록하기 : 개발자 기호

기호는 운영팀으로부터 다음과 같은 요구사항을 받았습니다.

- 메인 페이지 설명 추가 : 접근 권한이 필요하신 분은 운영팀에 문의해주세요.
- 메인 페이지 연락처 추가 : 이메일 주소

현재 기호는 작업 중인 일이 있어서 프로젝트 원격 저장소에 이슈를 등록하여 동료들에게 공유하기로 결정했습니다. 참고로 기호가 속한 팀은 깃허브 원격 저장소에 자동화된 칸반 유형의 프로젝트 보드를 생성하여 일을 관리하고 있습니다. 또한, 메인 페이지의 내용을 간단히 수정하는 요구사항이기 때문에 2가지 요구사항을 1개의 이슈로 처리하기로 했습니다.

다음과 같은 순서로 진행합니다.

1 원격 저장소에 이슈 생성
2 프로젝트 보드에서 생성된 이슈 확인

깃허브 원격 저장소에 이슈를 생성합시다.

To Do **01** 깃허브에 mastering-git-github 원격 저장소에서 ❶ [Issue] → ❷ [New Issue]를 클릭합니다.

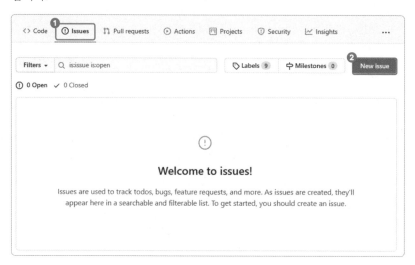

02 기호는 ❶ 제목과 ❷ 내용을 작성한 후 → ❸ [Assigness]를 클릭해 팀 관리자인 미정에게 이슈를 할당했습니다(미정은 이슈를 확인 후, 개발을 진행할 팀원에게 해당 이슈를 다시 할당하겠죠?). 또한, 기호는 해당 이슈가 운영팀에서 전달됐기 때문에 ❹ [Labels]에서 operation 라벨을 → ❺ [Projects]에서 현재 업무를 관리하는 프로젝트 보드인 'Operation v1'을 선택합니다. ❻ [Submit new issue]를 클릭해 이슈를 생성합니다.

그러면 다음과 같은 화면이 보입니다.

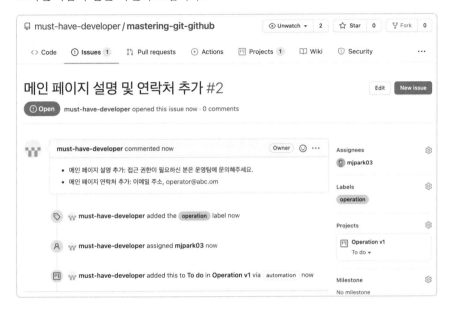

이슈 생성하면서 프로젝트 보드를 지정했기 때문에 ❼ [Projects] → ❽[Operation v1]을 클릭하면 생성된 이슈를 바로 확인할 수 있습니다.

이제 팀의 의사결정을 기다리면 됩니다. 기호는 편한 마음으로 진행 중인 개발을 마무리하기로 합니다.

STEP 3 6.4 우리팀 저장소에 이슈 개발 후 반영하기 : 개발자 희진

희진은 작업 중인 개발을 마무리해서 다음 업무를 찾기 위해 프로젝트 보드에 접속합니다. 기호가 등록한 이슈가 개발자에게 할당되어 있지 않은 걸 발견했습니다. 본인이 처리하려고 마음을 먹었습니다. 희진이 어떻게 처리하는지 따라가 봅시다.

작업 순서는 다음과 같습니다.

❶ 원격 저장소 프로젝트 보드에서 미해결 이슈 확인
❷ 원격 저장소를 지역 저장소에 복제 : `git clone`
❸ 새로운 작업 브랜치 생성 및 코드 수정 : `git branch`, `git add`, `git commit`, `git push`
❹ 풀 리퀘스트 생성 및 동료들에게 검토 요청

▼ 작업 순서 흐름도

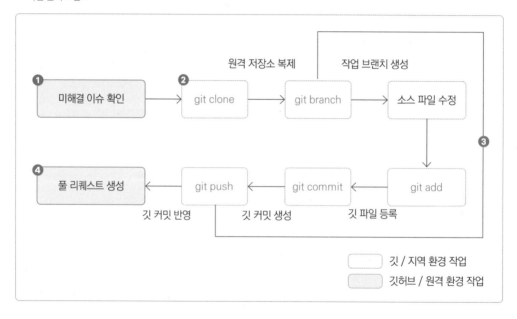

To Do **01** 깃허브 mastering-git-github 원격 저장소에서 ❶ [Projects] → ❷ [Operation v1]을 클릭합니다.

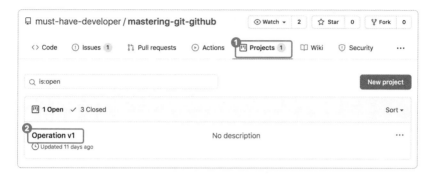

02 To do에서 진행되지 않은 이슈 ❶을 클릭해 ❷ 내용을 확인합니다.

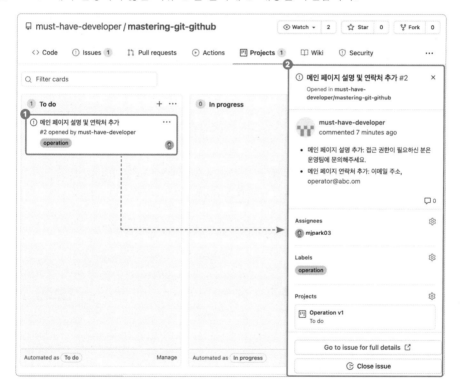

03 [Go to issue for full details] 버튼을 클릭하여 이슈 상세 정보를 확인합니다.

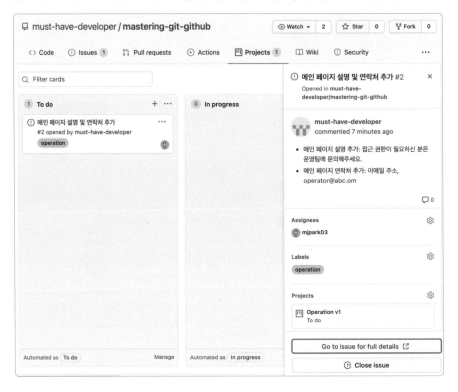

04 이슈 상세 정보에서 [Assignees]를 클릭해 희진 본인으로(must-have-developer-2) 변경하여 팀원들에게 본인이 진행하는 중임으로 알립니다.

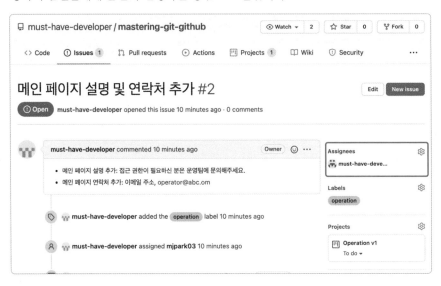

05 ❶ [Projects] → [Operation v1]을 클릭합니다. ❷ [To Do]에 있는 해당 이슈를 마우스로 드래그하여 → [In progress] 작업 상태열에 드롭합니다(팀원들에게 작업이 시작되었음을 알리는 겁니다).

06 원격 저장소의 프로젝트를 지역 저장소에 복제합니다.

mastering-git-github 원격 저장소는 기호가 생성하고 관리했습니다. 즉, 희진의 지역 저장소에는 아직 해당 프로젝트가 존재하지 않는 상황이죠. 그래서 희진은 해당 원격 저장소를 `git clone` 명령어로 지역 저장소에 복제합니다(2.6절 '원격 저장소 복제' 참고)

❶ 원하는 위치에 git-github-programming-2 루트 디렉터리를 생성합니다.

❷ 깃허브 원격 저장소의 주소를 복사합니다.

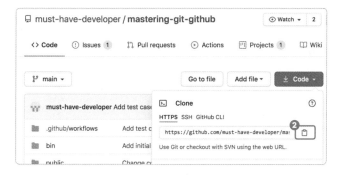

❸ 터미널 창을 열고 ❶에서 생성한 위치에서 **git clone** 명령어를 실행합니다.

```
git-github-programming-2 % git clone https://github.com/must-have-developer/
mastering-git-github.git
Cloning into 'mastering-git-github'...
remote: Enumerating objects: 61, done.
remote: Counting objects: 100% (61/61), done.
remote: Compressing objects: 100% (38/38), done.
remote: Total 61 (delta 23), reused 55 (delta 19), pack-reused 0
Unpacking objects: 100% (61/61), done.
```

이제 희진은 지역 저장소에 mastering-git-github 원격 저장소 복제를 완료했습니다. 비
주얼 스튜디오 코드에서 해당 프로젝트를 열고 다음 작업을 진행합시다.

07 이제 실습 프로젝트의 터미널 창을 열고 해당 이슈를 처리할 작업 브랜치를 생성 후 이동합
니다.

❶ 새로운 브랜치를 생성합니다.

```
mastering-git-github % git branch feature/change-main-content
```

❷ 생성한 브랜치로 작업 브랜치를 변경합니다.

```
mastering-git-github % git checkout feature/change-main-content
Switched to branch 'feature/change-main-content'
```

08 이슈에 작성된 요구사항에 맞게 index.html 파일에서 ❶과 ❷ 코드를 추가합니다.

```
                                                                    index.html
<html>

<head>
 <title>운영팀 웹 어드민 시스템 v1</title>
 <link rel="stylesheet" href="/stylesheets/style.css">
</head>

<body>
 <h1>운영팀 웹 어드민 시스템 v2</h1>
 <p>Welcome to 운영팀 웹 어드민 시스템 v1</p>
 <p>접근 권한이 필요하신 분은 운영팀에 문의해주세요.</p>  <!-- ❶-->
</body>
```

```
<footer>
  <p>연락처: 1111-2222</p>  ┐
  <p>operator@abc.com</p>  ┘──── <!-- ❷-->
</footer>

</html>
```

09 코드 수정을 완료했으니 새로운 커밋을 생성합니다.

❶ 수정한 파일을 추가합니다.

```
mastering-git-github % git add .
```

❷ 새로운 커밋을 생성합니다.

```
mastering-git-github % git commit -m "Change content in main page"
[feature/change-main-content 886cd75] Change content in main page
 1 file changed, 2 insertions(+)
```

10 이제 동료들의 피드백을 받기 위해 작업 브랜치를 원격 저장소에 반영합니다.

```
mastering-git-github % git push origin feature/change-main-content
Enumerating objects: 7, done.
Counting objects: 100% (7/7), done.
Delta compression using up to 4 threads
Compressing objects: 100% (4/4), done.
Writing objects: 100% (4/4), 497 bytes | 497.00 KiB/s, done.
Total 4 (delta 2), reused 0 (delta 0), pack-reused 0
remote: Resolving deltas: 100% (2/2), completed with 2 local objects.
remote:
remote: Create a pull request for 'feature/change-main-content' on GitHub by
visiting:
remote:        https://github.com/must-have-developer/mastering-git-github/
pull/new/feature/change-main-content
remote:
To https://github.com/must-have-developer/mastering-git-github.git
 * [new branch]       feature/change-main-content -> feature/change-main-
content
```

11 무사히 원격 저장소에 반영되었으니 깃허브에서 풀 리퀘스트를 생성합니다. ❶ [Pull requests] → ❷ [New pull request]를 클릭합니다.

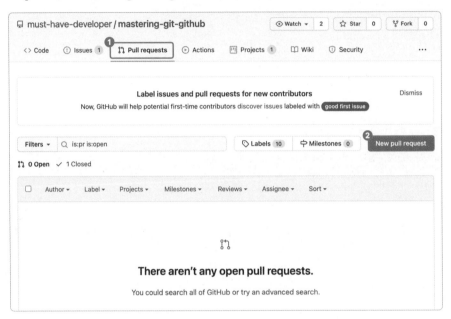

❸ 기준 브랜치(main)와 작업 브랜치(feature/change-main-content)를 선택한 뒤 ❹ [Create pull request]를 클릭합니다.

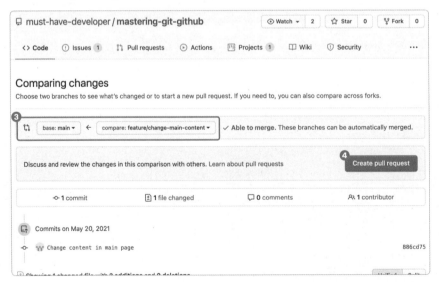

❺ ⤢ 아이콘을 클릭 → ❻ 팝업창에서 관련 이슈(메인 페이지 실행 및 연락처 추가)를 클릭

해 본문에 참조합니다. ❼ [Reviews] 클릭 → ❽ 리뷰할 동료(must-have-developer)를
지정합니다. ❾ [Create pull request]를 클릭합니다.

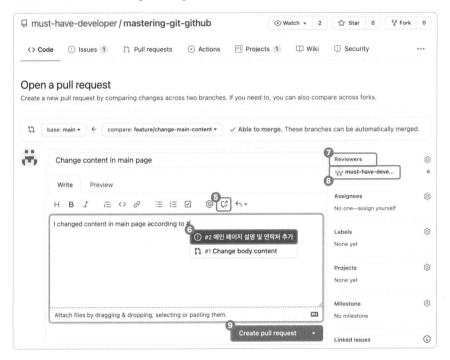

[Reviewers]에서 기호로 지정했습니다. 추가로 풀 리퀘스트 생성 시 본문에서 #을 입력하
면 🔀 아이콘을 누르지 않고도 관련된 이슈를 참조하도록 작성할 수 있습니다.

12 풀 리퀘스트와 이슈를 연결해보겠습니다.

❶ [Issues] 클릭→ ❷ 해당 이슈를 클릭(메인 페이지 설명 및 연락처 추가)합니다.

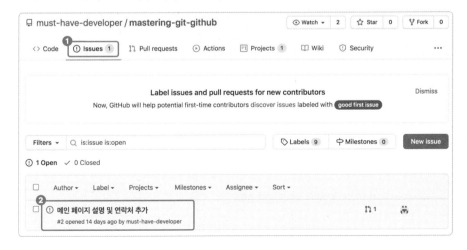

❸ [Link a pull request from this repository] 클릭 → ❹ 생성한 풀 리퀘스트(Change content in main page)를 클릭합니다.

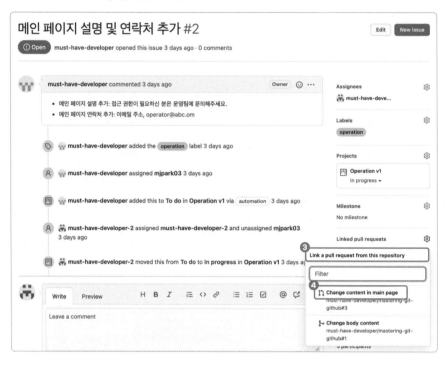

이렇게 이슈와 관련된 풀 리퀘스트를 연결하면, 해당 이슈가 어떻게 진행되고 있는지를 동료들에게 공유할 수 있습니다.

이제 남은 일은 기호의 피드백을 받고 해당 풀 리퀘스트를 기준 브랜치에 병합하여 반영하는 일입니다.

STEP 4 6.5 풀 리퀘스트 검토 및 승인

풀 리퀘스트를 검토하고 승인해봅시다. 작업 순서는 다음과 같습니다.

❶ 기호 : 희진이 생성한 풀 리퀘스트 검토
❷ 희진 : 기호에게 승인받은 풀 리퀘스트 변경 내역 병합
❸ 원격 저장소의 최신 변경 내역 반영: **git pull**

▼ 작업 순서 흐름도

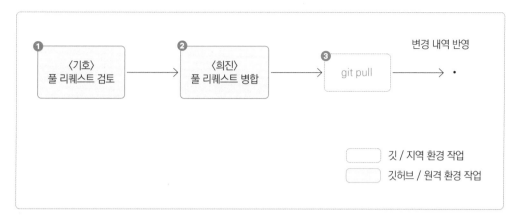

To Do 01 기호는 ❶ [Pull requests] 클릭 → ❷ 희진이 생성한 풀 리퀘스트(Change content in main page)를 클릭합니다. ❸ 변경된 코드를 확인 후 → ❹ [Approve]를 클릭합니다. ❺ 리뷰한 내용을 적습니다. ❻ [Submit review]를 클릭하여 풀 리퀘스트를 승인합니다.

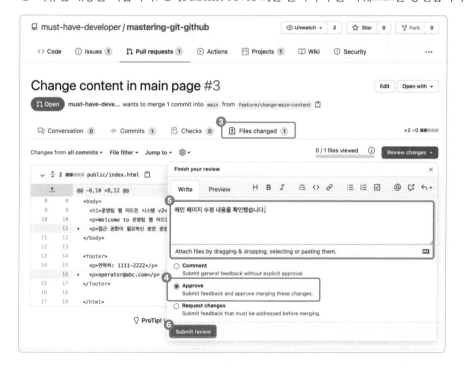

02 희진은 이제 승인받은 풀 리퀘스트를 기준 브랜치에 병합합니다.

❶ [Pull requests] 클릭 → ❷ 희진이 생성한 풀 리퀘스트(Change content in main page)를 클릭합니다.

❸ [Merge pull request]를 클릭합니다.

❹ 검토 내용을 확인하고 → ❺ [Confirm merge]를 클릭해 코드를 병합니다.

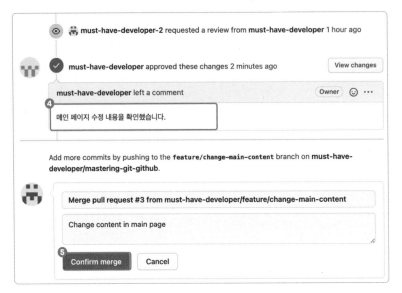

풀 리퀘스트에 관련 이슈를 연결했기 때문에 병합이 완료되면 자동으로 해당 이슈가 닫힙니다. 또한 다음 그림과 같이 해당 프로젝트 보드에서도 자동으로 [Done] 작업 상태열로 이동합니다.

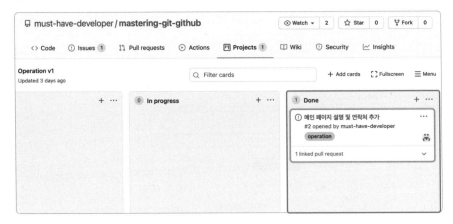

03 새로운 기능이 원격 저장소의 기준 브랜치에 반영되었으니 지역 저장소의 기준 브랜치에도 반영하며 작업을 마무리합니다.

❶ 지역 저장소에서 기준 브랜치로 작업 브랜치를 변경합니다.

```
mastering-git-github % git checkout main
Switched to branch 'main'
```

❷ 원격 저장소의 최신 변경 내역을 가져옵니다.

```
mastering-git-github % git pull origin main
remote: Enumerating objects: 1, done.
remote: Counting objects: 100% (1/1), done.
remote: Total 1 (delta 0), reused 0 (delta 0), pack-reused 0
Unpacking objects: 100% (1/1), 651 bytes ¦ 651.00 KiB/s, done.
From https://github.com/must-have-developer/mastering-git-github
 * branch            main        -> FETCH_HEAD
   23ffe40..763a458  main        -> origin/main
Updating 23ffe40..763a458
Fast-forward
 public/index.html ¦ 2 ++
 1 file changed, 2 insertions(+)
```

❸ 지역 저장소의 커밋 내역을 확인합니다.

```
mastering-git-github % git log --pretty=oneline --graph
*   763a4581790a6f07a52afb3294ad69648ee487ca (HEAD -> main, origin/main)
Merge pull request #3 from must-have-developer/feature/change-main-content
¦\
¦ * 886cd7588ea7aa9dff9720b160b1e677e4bf7aa4 (origin/feature/change-main-
content, feature/change-main-content) Change content in main page
¦/
*   23ffe4040d7c707924bcd293efa9441ae95661e1 Merge pull request #1 from
must-have-developer/feature/body-change
¦\
¦ * e29b7fd7c01b110c97b7c4d1a16bff16297aa00c (origin/feature/body-change,
feature/body-change) Change body
¦ *   9b5285ac6a1dff67ec7c7ca4b64514c211e85625 Resolve conflicts
¦ ¦\
¦ ¦ * 3cfb8c6c4f676474d47470c3e9bc55875754da20 (test/remote-branch) Change
```

```
header
| |/
|/|
| *    237039c5abbd9b7f534abfd0810aeb47af337827 Merge branch 'test/local-
branch'
| |\
| | * b6a164330378e22235d3cb5a49557fc9849a76cd (test/local-branch) Change
header
| |/
|/|
| * 856ce3d46f12bb631b2d343346d960ea9315750a (test/fast-forward) Change
title
|/
* 255eb26c90bce40d348eeee7d1ebc8f71565115b (origin/test/remote-branch,
origin/test/local-branch) Add hotline to main page
* 83eacd81833cca3a5be10313009655b4da21028e Change the title of main page
* 39c6f390d12a489c55f21cd318cbf22897ecc4d6 Add initial files and .gitignore
```

원격 저장소에서 반영된 새로운 기능이 최신 커밋으로 등록되었습니다.

04 수정 사항이 홈페이지에 잘 반영되었는지 확인할 차례입니다. mastering-git-github 프로 젝트를 열고 터미널에서 다음 명령어를 실행하여 express 서버를 실행합니다. 그 후, 웹 브 라우저를 열고 localhost:3000/에 접속하여 애플리케이션을 확인합시다.

```
mastering-git-github % npm start
```

미정의 말

실제로 실습을 진행하면서 보이는 버전일 뿐입니다. 상이하게 보이는 것이 문제는 없어요. 지금까지 배운 내용을 이용해서 버전을 V2로 맞춰보세요. 소소한 숙제입니다.

수정사항이 잘 반영되었네요. 지금까지 하나의 프로젝트에서 여러 개발자가 협업을 진행할 때 이슈 생성을 시작으로 기능이 개발되어 반영되기까지의 과정을 실습했습니다. 기호 희진 미정 모두 고생했어요~ ♥

학습 마무리

이번 장에서는 하나의 프로젝트에서 여러 개발자가 협업하는 경우를 위한 일련의 과정을 실습했습니다.

- ❶ 이슈 생성 및 프로젝트 반영
- ❷ 이슈 담당자 지정
- ❸ 작업 브랜치 생성
- ❹ 기능 개발 후 풀 리퀘스트 생성
- ❺ 풀 리퀘스트 검토 및 승인
- ❻ 기준 브랜치에 병합

다음 장에서는 프로젝트의 빌드 및 배포를 위한 깃허브의 고급 기능을 알아보겠습니다.

여러 개발자가 협업하는 프로젝트에서는 소스 코드 변경 후 필요한 작업들이 있습니다. 여기에는 기준 브랜치에 반영하기 전, 품질을 보장하는 일련의 작업과 배포에 필요한 작업 등이 포함됩니다. 이런 작업을 자동화하는 깃허브 기능을 살펴봅시다.

또한, 실제 프로젝트를 진행하다 보면 이미 생성된 커밋 및 커밋 이력을 조작하는 경우도 발생합니다. 이런 상황을 위한 깃 명령어를 추가로 살펴봅시다.

Start

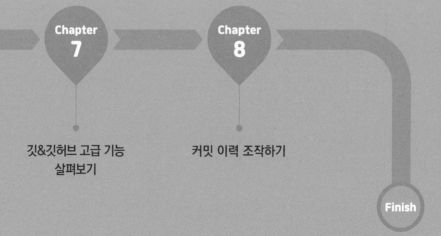

단계 **3**

실전 프로젝트를 위한
깃&깃허브

깃&깃허브 고급 기능
살펴보기

☐ **학습 목표**	깃허브 고급 기능을 사용해 코드 수정 후 필요한 작업 및 배포를 자동화하는 방법을 학습합니다. 깃허브의 액션 기능을 살펴보고 적용해봅시다.
☐ **학습 순서**	1 깃허브 액션 살펴보기 2 코드 수정 후 작업 자동화 설정하기 3 배포 자동화 설정하기

7.1 깃허브 액션 살펴보기

새로운 기능을 개발하는 것이 작업의 끝은 아닙니다. 새로운 기능을 개발하고, 프로젝트 코드를 테스트하고, 빌드하고, 원격 저장소에 반영하고, 배포하는 일련의 과정이 완료되어야 비로소 작업이 마무리되었다고 할 수 있죠. 이러한 일련의 작업 과정을 자동화하는 다양한 도구가 있습니다. 깃허브는 깃허브 액션[Actions]이라는 도구를 제공하여 해당 과정의 자동화를 돕습니다.

7.1.1 깃허브 액션 소개

깃허브 액션은 소프트웨어 개발에 필요한 작업 주기를 자동화하는 도구입니다. 액션은 이벤트 기반으로 특정 이벤트가 발생했을 때 특정 명령 혹은 명령 집합을 자동으로 실행시킬 수 있죠. 여기서 이벤트란 풀 리퀘스트, 푸시와 같은 변경을 의미합니다. 즉, 특정 브랜치에 코드 푸시가 발생했을 때 자동으로 실행될 명령을 지정할 수 있는 것이죠. 이 과정을 간단히 도식화하면 다음과 같습니다.

▼ 깃허브 [Actions]의 이벤트 기반 명령 실행

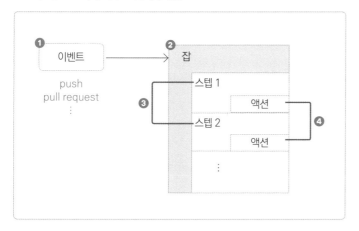

① 이벤트^Event : 정의된 깃허브 액션 작업을 실행시키는 특정 활동입니다. 풀 리퀘스트가 생성되었을 때, 특정 브랜치에 새로운 커밋을 푸시했을 때 등 어떤 변경이 일어났을 때 해당 깃허브 액션 작업을 실행시킬지 정의할 수 있습니다.

② 잡^Jobs : 단일 환경에서 실행될 명령(들)의 집합입니다.

③ 스텝^Steps : 잡 안에서 실행하게 될 명령(들)을 정의합니다.

④ 액션^Actions : 단일 명령 그 자체를 의미합니다.

이러한 일련의 과정을 워크플로라고 하겠습니다.

7.1.2 깃허브 액션 설정 살펴보기

이제 실제로 깃허브 액션을 사용하는 데 필요한 내용을 살펴보겠습니다.

깃허브 원격 저장소에서 액션 추가하기

깃허브에 원격 저장소를 생성하면 기본적으로 제공하는 깃허브 액션 설정 파일을 확인할 수 있습니다. 다음 그림과 같이 원격 저장소의 ❶ [Actions] 탭을 클릭해 확인합시다. 기본으로 제공하는 템플릿 중 Node.js 템플릿을 확인해봅시다. ❷ [Set up this workflow] 버튼을 클릭하세요.

Tip Node.js 템플릿을 찾을 수 없는 경우 아래 페이지 Starting with the Node.js workflow template 섹션의 YAML 파일을 참고하세요.

• https://docs.github.com/en/actions/guides/building-and-testing-nodejs

▼ 깃허브 원격 저장소의 [Actions] 탭

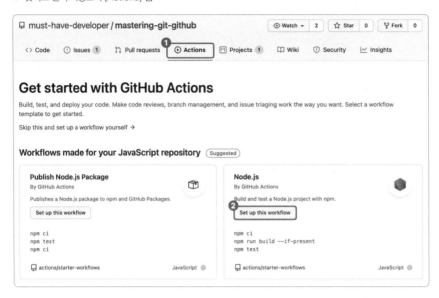

그러면 다음과 같은 화면이 보입니다.

▼ 깃허브에서 제공하는 깃허브 액션 템플릿

지역 저장소에서 액션 추가하기

깃허브 원격 저장소에서 제공하는 파일을 수정해서 사용할 수도 있고, 지역 저장소에서 해당 파일을 같은 위치(/.github/workflows/node.js.yml)에 생성한 후 원격 저장소에 반영하여 사용할 수도 있습니다.

▼ 깃허브 액션 설정 파일

```
node.js.yml
# This workflow will do a clean install of node dependencies, build
the source code and run tests across different versions of node
# For more information see: https://help.github.com/actions/language-and-
framework-guides/using-nodejs-with-github-actions

name: Node.js CI

on:
  push:
    branches: [ main ]
  pull_request:
    branches: [ main ]

jobs:
  build:

    runs-on: ubuntu-latest

    steps:
    - uses: actions/checkout@v2
    - name: Use Node.js ${{ matrix.node-version }}
      uses: actions/setup-node@v1
      with:
        node-version: ${{ matrix.node-version }}
    - run: npm ci
    - run: npm run build --if-present
    - run: npm test
```

• name : 해당 워크플로의 이름을 명시합니다.
• on : 워크플로를 실행시킬 이벤트를 명시합니다. main 브랜치에 푸시 이벤트가 발생했을 때, main 브랜치에 풀 리퀘스트가 생성됐을 때 해당 워크플로는 동작합니다.

- jobs : 같은 환경에서 실행할 작업을 정의합니다. 하나의 작업 내의 명령(들)은 같은 환경에서 실행됩니다. 여러 작업을 정의할 수 있고, 각 작업은 개별 환경에서 병렬로 실행됩니다.
- build : 특정 잡의 이름을 의미합니다. 식별하기 편한 이름으로 지정하시면 됩니다.
- runs-on : 해당 잡이 실행되는 환경을 정의합니다. 예제에서는 우분투 운영체제에서 잡을 실행시킨다는 의미입니다.
- steps : 특정 잡에 포함된 순차적인 명령(들)의 집합입니다.
- uses : 현재 단계에서 사용할 액션을 정의합니다. uses: actions/checkout@v2는 actions/checkout@v2 액션을 사용하여 원격 저장소에서 소스 코드를 실행 환경으로 가져온다는 의미입니다.
- name : 현재 단계의 이름을 명시할 수 있습니다. 이름을 지정하면 원격 저장소의 [Actions] 탭 페이지의 로그에서 해당 단계의 이름을 확인할 수 있습니다.
- run : 해당 잡이 실행되는 환경에서 셸 명령어를 실행시킬 수 있습니다. 즉, run: npm ci는 잡 실행 환경에서 **npm ci**를 실행시킵니다.

Tip 현재 깃허브 액션은 공개 저장소에서 무료로 사용할 수 있습니다. 비공개 저장소에서는 실행 시간 기준으로 월 2,000분까지는 무료로 사용할 수 있습니다. 자세한 가격 정책은 깃허브 페이지를 참고해주세요.

Tip 깃허브 액션을 사용하기 전 서클CI(CircleCI), 트래비스 CI(Travis CI), 젠킨스(Jenkins) 등과 같은 다른 도구를 사용하여 수정된 코드의 테스트, 빌드, 배포 과정을 자동화했던 분들은 깃허브 액션 공식 페이지에서 제공하는 마이그레이션 가이드를 참고하세요.

7.2 코드 수정 후 작업 자동화 설정하기

이제 깃허브 액션을 사용하여 코드 수정 후 필요한 작업들의 자동화를 구성해보겠습니다. 실습할 내용은 프로젝트에 테스트 파일을 작성하고, 원격 저장소 main 브랜치에 push 명령어로 변경 내용을 반영할 때 테스트 파일이 실행되도록 설정하는 겁니다. 여러 사람이 협업하는 프로젝트에서는 코드를 변경 후, 기준 브랜치에 반영하기 전 충분한 테스트를 통해 소스 코드의 품질을 보장해야 합니다. 이제 시작해볼까요?

다음 순서로 알아봅니다.

1 테스트 파일 작성

2 작업 자동화를 위한 깃허브 액션 설정 파일 작성

3 깃허브 원격 저장소에서 작업 자동화 결과 확인

To Do **01** 테스트 프레임워크인 mocha를 mastering-git-github 실습 프로젝트에 설치합니다. 실습 프로젝트의 터미널 창을 열고 다음 명령어를 실행합시다.

```
mastering-git-github % npm install mocha
```

package.json 파일을 확인하면 mocha가 dependencies에 추가된 것을 확인할 수 있습니다.

02 이제 테스트 파일 test.spec.js를 실습 프로젝트 최상단 경로(mastering-git-github/)에 생성합니다.

```
                                                                    test.spec.js
describe('Default Test Set', () => {
    it('test1 should be passed', () => {
        console.log('test1 passed')
    });

    it('test2 should be passed', () => {
        console.log('test2 passed')
    });
});
```

'Default Test Set'이라는 식별자로 테스트 케이스 2개를 작성한 내용입니다. 참고로 이 테스트 케이스는 깃허브 액션을 사용한 작업 자동화 실습용으로, 테스트 케이스 자체에 큰 의미가 없습니다.

03 mocha를 이용하여 테스트 파일을 실행합니다. 터미널에서 다음 명령어를 실행해주세요.

명령어 `./node_modules/.bin/mocha {테스트 대상 파일}`

```
mastering-git-github % ./node_modules/.bin/mocha test.spec.js
  Default Test Set
test1 passed
    ✓ test1 should be passed
test2 passed
```

```
  ✓ test2 should be passed


  2 passing (5ms)
```

test1과 test2 모두 잘 통과되었네요. 이처럼 테스트 실행 명령어를 실행한 후, 테스트 파일
에서 작성한 테스트 집합 식별자와 각 테스트 케이스 통과 여부를 확인할 수 있습니다.

04 테스트 실행 명령어를 npm scripts에 등록하여 복잡한 명령어를 간단하게 실행할 수 있도
록 합시다.

package.json
```
{
  "name": "mastering-git-github",
  "version": "0.0.0",
  "private": true,
  "scripts": {
    "start": "node ./bin/www",
    "test": "./node_modules/.bin/mocha test.spec.js" ❶
  },
  "dependencies": {
    "cookie-parser": "~1.4.4",
    "debug": "~2.6.9",
    "express": "~4.16.1",
    "mocha": "^8.3.2",
    "morgan": "~1.9.1"
  }
}
```

❶ test라는 이름으로 테스트 실행 명령어를 작성했습니다. 이제 **npm test** 명령어만으로도
테스트 실행 결과를 확인할 수 있습니다.

05 깃허브 액션 설정 파일을 생성합니다. 실습 프로젝트의 ❶ .github/workflows 디렉터리를
생성합니다.

```
mastering-git-github % mkdir .github
mastering-git-github % mkdir .github/workflows
```

그후 ❷ mastering-git-github/.github/workflows/에 다음과 같이 ci.yml 파일을 생
성합니다.

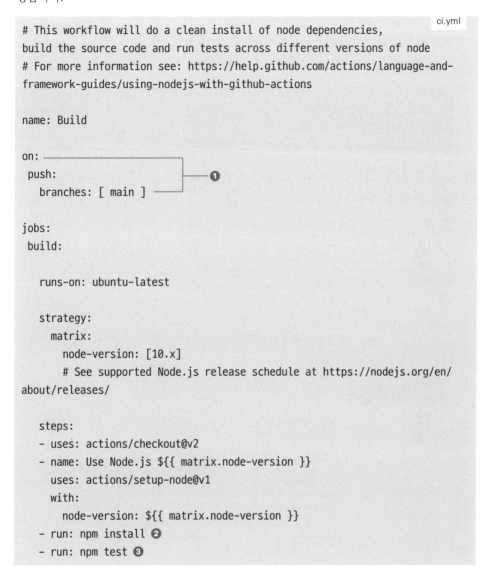

```
                                                                  ci.yml
# This workflow will do a clean install of node dependencies,
build the source code and run tests across different versions of node
# For more information see: https://help.github.com/actions/language-and-
framework-guides/using-nodejs-with-github-actions


name: Build


on:
 push:
   branches: [ main ]              ──❶


jobs:
 build:

   runs-on: ubuntu-latest

   strategy:
     matrix:
       node-version: [10.x]
       # See supported Node.js release schedule at https://nodejs.org/en/
about/releases/

   steps:
   - uses: actions/checkout@v2
   - name: Use Node.js ${{ matrix.node-version }}
     uses: actions/setup-node@v1
     with:
       node-version: ${{ matrix.node-version }}
   - run: npm install ❷
   - run: npm test ❸
```

기본적으로 7.1절에서 설명한 내용들과 같습니다. 변경된 내용은 다음과 같습니다.

• 원격 저장소의 main 브랜치에 push 명령어를 이용한 변경 내용 반영이 일어났을 때 해당
 깃허브 액션을 실행하기 위해 ❶ on: push: branches: [main]으로 설정했습니다.

- 해당 깃허브 액션이 실행될 때, 의존성있는 패키지를 설치한 후 다음 명령들을 실행시키기 위해 ❷ run: npm install을 추가했습니다.
- 테스트 실행 명령어를 실행하기 위해 ❸ run: npm test를 추가했습니다.

06 이제 ❶ 파일 추가 → ❷ 커밋 생성 → ❸ 푸시 명령을 실행해 변경 내용을 원격 저장소에 반영합니다.

```
mastering-git-github % git add . ❶
mastering-git-github % git commit -m "Add test case" ❷
mastering-git-github % git push origin main ❸
```

07 원격 저장소의 main 브랜치에 push 명령어를 실행했으니 깃허브 액션이 정상적으로 실행됐는지 확인합니다. 깃허브 원격 저장소의 ❶ [Actions] 탭을 클릭해 확인합시다. 작성한 커밋 메시지와 함께 깃허브 액션이 정상적으로 실행되었습니다. ❷ 워크플로 결과(Add test case)를 클릭합니다.

▼ 깃허브 원격 저장소의 [Actions] 탭 확인

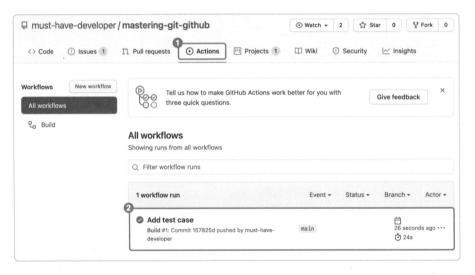

ci.yml 파일에 jobs: build:를 적어서 ❶ build라는 이름으로 잡 하나를 생성했습니다. ❷ 해당 잡 실행이 완료되었네요. ❷ 실행 완료된 잡을 클릭합니다.

▼ 특정 워크플로의 잡 확인

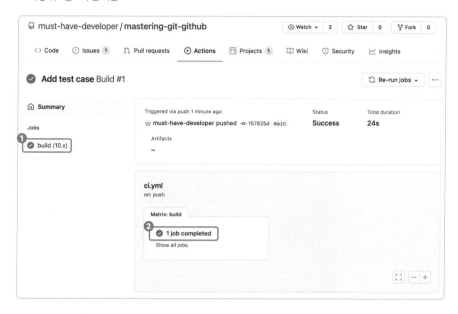

▼ 특정 잡의 버전별 결과 확인

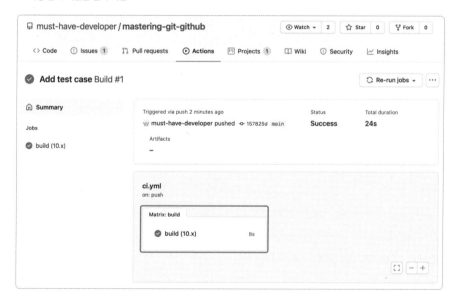

ci.yml 파일에서 strategy: matrix: node-version: [10.x]를 추가해 Node.js 10 버전만
을 확인하도록 설정했습니다. 따라서 10.x 버전에서의 build job 실행이 완료된 것을 확인
할 수 있습니다.

▼ 특정 버전의 잡 실행 상세 결과 확인

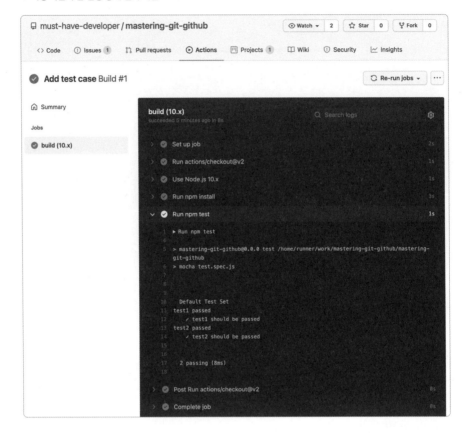

상세 결과 화면에서 보이는 것처럼 각 단계별 실행의 상세 정보를 확인할 수 있습니다. 우리가 작성한 Run npm test 결과를 확인해보면 실습 프로젝트의 터미널에서 실행했던 것과 동일한 결과를 확인할 수 있죠.

지금까지 깃허브 액션을 활용해 테스트 자동 실행을 추가하고 일부 빌드 자동화 실습을 완료했습니다. 여러 개발자가 하나의 프로젝트에서 협업하는 경우, 기준 브랜치의 코드는 높은 품질을 보장해야 합니다. 테스트 자동 실행을 포함하여 빌드 시 수행되어야 할 다양한 장치를 두고 기준 브랜치의 품질을 유지하는 데 깃허브 액션을 활용할 수 있습니다.

7.3 배포 자동화 설정하기

코드의 새로운 변경 내용을 반영하여 코드 수정 후 필요한 작업을 완료했다면, 이제 배포까지 자동으로 실행할 수 있겠죠? 깃허브 액션을 통해 배포 자동화를 설정할 수 있으며, 실제로 다양한 클라우드 서비스를 위한 템플릿을 제공하기도 합니다.

이 부분은 코드가 반영된 서비스가 운영되는 환경에 따라 계정 생성, 계정 권한 등과 같은 설정 내용이 달라집니다. 따라서 실습을 진행하는 대신 주요 클라우드 서비스를 대상으로 배포 설정 시 어떤 내용이 필요한지 함께 살펴보겠습니다.

참고로 배포 자동화를 위한 설정 파일의 경로(mastering-git-github/.github/workflows/)는 7.2절 '코드 수정 후 작업 자동화 설정하기'와 동일합니다.

7.3.1 AWS ECS에 배포하기

AWS ECS(Elastic Container Service)는 AWS에서 제공하는 컨테이너 관리 서비스입니다. ECS를 사용해 애플리케이션을 실행하고 관리할 수 있습니다. AWS ECS를 위한 해당 설정 파일은 코드 빌드 후 ECS에 자동으로 배포하는 데 필요한 설정 내용을 담고 있습니다.

▼ [Actions]에서 제공하는 'Deploy to Amazon ECS' 템플릿

▼ AWS ECS에 배포 시 사용할 설정 .yml 파일

```yaml
name: Deploy to Amazon ECS

on:
  release:
    types: [ created ]
```

```
env:
❶ AWS_REGION: MY_AWS_REGION
            # set this to your preferred AWS region, e.g. us-west-1
  ECR_REPOSITORY: MY_ECR_REPOSITORY # set this to your Amazon ECR repository name
  ECS_SERVICE: MY_ECS_SERVICE       # set this to your Amazon ECS service name
  ECS_CLUSTER: MY_ECS_CLUSTER       # set this to your Amazon ECS cluster name
  ECS_TASK_DEFINITION: MY_ECS_TASK_DEFINITION # set this to the path to your
Amazon ECS task definition
            # file, e.g. .aws/task-definition.json
  CONTAINER_NAME: MY_CONTAINER_NAME
            # set this to the name of the container in the
            # containerDefinitions section of your task definition

defaults:
  run:
    shell: bash

jobs:
  deploy:
    name: Deploy
    runs-on: ubuntu-latest

    steps:
      - name: Checkout
        uses: actions/checkout@v2

❷    - name: Configure AWS credentials
        uses: aws-actions/configure-aws-credentials@v1
        with:
          aws-access-key-id: ${{ secrets.AWS_ACCESS_KEY_ID }}
          aws-secret-access-key: ${{ secrets.AWS_SECRET_ACCESS_KEY }}
          aws-region: ${{ env.AWS_REGION }}

❸    - name: Login to Amazon ECR
        id: login-ecr
        uses: aws-actions/amazon-ecr-login@v1

❹    - name: Build, tag, and push image to Amazon ECR
        id: build-image
        env:
```

```
      ECR_REGISTRY: ${{ steps.login-ecr.outputs.registry }}
      IMAGE_TAG: ${{ github.sha }}
    run: |
      # Build a docker container and
      # push it to ECR so that it can
      # be deployed to ECS.
      docker build -t $ECR_REGISTRY/$ECR_REPOSITORY:$IMAGE_TAG .
      docker push $ECR_REGISTRY/$ECR_REPOSITORY:$IMAGE_TAG
      echo "::set-output name=image::$ECR_REGISTRY/$ECR_REPOSITORY:$IMAGE_TAG"

❺- name: Fill in the new image ID in the Amazon ECS task definition
    id: task-def
    uses: aws-actions/amazon-ecs-render-task-definition@v1
    with:
      task-definition: ${{ env.ECS_TASK_DEFINITION }}
      container-name: ${{ env.CONTAINER_NAME }}
      image: ${{ steps.build-image.outputs.image }}

❻- name: Deploy Amazon ECS task definition
    uses: aws-actions/amazon-ecs-deploy-task-definition@v1
    with:
      task-definition: ${{ steps.task-def.outputs.task-definition }}
      service: ${{ env.ECS_SERVICE }}
      cluster: ${{ env.ECS_CLUSTER }}
      wait-for-service-stability: true
```

❶ env :

ECS에 접근하고 배포하는 데 필요한 값들을 정의합니다. ECS 서비스가 실행되는 리전^{region},
ECS에 배포할 이미지가 저장되어 있는 ECR 정보, ECS 서비스/클러스터/작업정의 정보 등
이 포함됩니다. 실제로 AWS ECS 서비스를 설정하다 보면 어떤 내용인지 알 수 있습니다.

❷ name : Configure AWS credentials

AWS에 접근하는 단계입니다. AWS IAM에서 발급받은 ACCESS_KEY_ID와 SECRET_
ACCESS_KEY 등의 정보가 필요합니다.

❸ name : Login to Amazon ECR

AWS 접근 후 컨테이너 이미지 저장소인 ECR에 접근합니다.

❹ name : Build, tag, and push image to Amazon ECR

원격 저장소의 코드를 기반으로 도커^{Docker} 이미지를 빌드하고 AWS ECR에 반영하는 단계입니다.

❺ name : Fill in the new image ID in the Amazon ECS task definition

위의 단계에서 생성된 도커 이미지 정보를 ECS의 작업 상세 정의에 해당하는 task definition에 설정하는 단계입니다.

❻ name : Deploy Amazon ECS task definition

정의 완료된 ECS task definition을 ECS 서비스의 특정 클러스터에 배포하는 단계입니다.

참고로 이 설정 파일은 7.2절 '코드 수정 후 작업 자동화 설정하기'에서 실습했던 ci.yml 파일과 동일한 위치(.github/workflows/)에 생성하여 사용할 수 있습니다.

7.3.2 Azure App Service에 배포하기

Azure Web App Service는 애저^{Azure}에서 제공하는 애플리케이션 배포 및 관리 서비스로, 인프라를 직접 관리하지 않아도 됩니다. 깃허브 액션을 통해 Web App Service에 배포 자동화를 설정할 수 있습니다. 기본적으로 배포하려는 서비스의 정보 및 접속 정보가 필요한 것은 동일합니다.

▼ [Actions]에서 제공하는 'Deploy Node.js to Azure Web App' 템플릿

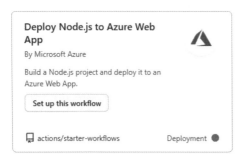

▼ Azure App Service에 배포 시, 설정 .yml 파일

```
on:
  release:
    types: [created]
```

```
env: ❶
  AZURE_WEBAPP_NAME: MY_WEBAPP_NAME    # set this to your application's name
  AZURE_WEBAPP_PACKAGE_PATH: '.'       # set this to the path to your web app
project, defaults to the repository root
  NODE_VERSION: '10.x'                 # set this to the node version to use

jobs:
  build-and-deploy:
    name: Build and Deploy
    runs-on: ubuntu-latest
    steps:
      - uses: actions/checkout@v2

      - name: Use Node.js ${{ env.NODE_VERSION }}
        uses: actions/setup-node@v1
        with:
          node-version: ${{ env.NODE_VERSION }}

      - name: npm install, build, and test
        run: |
          # Build and test the project, then
          # deploy to Azure Web App.
          npm install
          npm run build --if-present
          npm run test --if-present

❷     - name: 'Deploy to Azure WebApp'
        uses: azure/webapps-deploy@v2
        with:
          app-name: ${{ env.AZURE_WEBAPP_NAME }}
          publish-profile: ${{ secrets.AZURE_WEBAPP_PUBLISH_PROFILE }}
          package: ${{ env.AZURE_WEBAPP_PACKAGE_PATH }}
```

❶ env : 해당 원격 저장소의 코드를 빌드 후, 배포하려는 Azure App Service의 이름 및 경로
   정보를 설정합니다.

❷ name : Deploy to Azure WebApp 이전 단계에서 빌드된 Node.js 애플리케이션을
   App Service에 배포하는 단계입니다. App Service에 접근하고 배포하기 위해 필요한 정
   보로, Azure Deployment Center에서 설정 가능합니다.

해당 설정 파일도 역시 7.2절 '코드 수정 후 작업 자동화 설정하기'에서 실습했던 ci.yml 파일과 동일한 위치(.github/workflows/)에 생성하여 사용합니다.

깃허브 액션 공식 문서에서는 Google Kubernetes Engine에 배포하는 방법도 안내하고 있습니다. 그외에도 깃허브 원격 저장소의 액션에서 제공하는 다양한 템플릿을 사용해 각 클라우드 서비스의 다양한 서비스에 배포하는 방법도 제공합니다.

학습 마무리

이번 장에서는 깃허브에서 제공하는 액션을 사용해 코드를 빌드하고 배포를 자동화하는 방법을 살펴보았습니다. 이처럼 깃허브를 사용하면 여러 동료들과 한 프로젝트를 기반으로 협업할 수 있을 뿐 아니라 액션을 사용해 지속적인 빌드 및 배포 과정 또한 자동화할 수 있습니다.

새로 배운 기능 모아보기

기능	설명
깃허브 액션	이벤트 기반으로 소프트웨어 개발에 필요한 작업(테스트 코드 실행, 빌드, 배포 등)의 자동화를 돕는 도구

커밋 이력 조작하기

□ **학습 목표**	이 책의 첫 장부터 7장까지 잘 따라오셨다면 깃과 깃허브를 이용한 소스 코드 버전 관리 및 협업 기능에 익숙해졌을 겁니다. 하지만 프로젝트를 진행하다보면 다양하고 복잡한 환경으로 인해 커밋 이력을 조작할 필요가 생길 수 있습니다. 여기에서는 커밋 이력을 조작하는 깃 명령어를 간단히 설명합니다. 참고로 지금부터 설명하는 명령어 및 프로젝트는 7장까지의 실습과 관련이 없습니다. 눈으로 잘 숙지해주세요.
□ **학습 순서**	**1** 다른 브랜치의 커밋을 작업 브랜치에 추가하기 : `git cherry-pick` **2** 이전 커밋으로 작업 브랜치의 최종 커밋 변경하기 : `git reset` **3** 변경 사항 되돌리는 커밋 생성하기 : `git revert` **4** 브랜치 커밋 이력 재정렬하기 : `git rebase`

8.1 다른 브랜치의 커밋을 작업 브랜치에 추가하기 : git cherry-pick

두 브랜치를 병합하는 대신 다른 브랜치의 커밋을 선택적으로 작업 브랜치에 추가해야 할 때도 있습니다. 그때 `git cherry-pick`를 사용합니다.

명령어 `git cherry-pick "추가하려는 커밋 체크섬"`

다음과 같은 경우에 사용할 수 있습니다.

- 사용자에게 배포된 기능에서 치명적인 결함을 발견했습니다. 해당 결함으로 사용자는 정상적인 서비스 이용을 할 수 없는 상황입니다. 이미 개발이 완료되어 배포 전 테스트 중인 다른 커밋들과 상관없이, 결함을 수정한 커밋만을 서비스 운영에 사용되는 브랜치에 추가할 수 있습니다.

- 새로운 기능을 개발해 커밋을 생성했습니다. 커밋을 생성한 후, 현재 작업 브랜치가 잘못된 것을 발견했습니다. 의도한 브랜치로 작업 브랜치를 변경한 후, 잘못된 브랜치에서 생성한 커밋을 현재 작업 브랜치에 추가할 수 있습니다.

feature/a 브랜치와 feature/b 브랜치의 현재 상태가 다음과 같다고 가정하겠습니다. 우선 feature/a 브랜치의 현재 커밋 이력입니다.

```
mastering-git-github-cherry-pick % git log --pretty=oneline --graph
* b9c30417eb02994af084e1bbf5f572e585740df1 (HEAD -> feature/a) Add title
* b68ba716c5c1595deedaa0f5c2296ccb2ad2daaa (main) Add README.md file
```

다음은 feature/b 브랜치의 현재 커밋 이력입니다.

```
mastering-git-github-cherry-pick % git log --pretty=oneline --graph
* c14d0bed89de4bf79b68861b2e5299cba0c9913a (HEAD -> feature/b) Add description ❶
* b9c30417eb02994af084e1bbf5f572e585740df1 (feature/a) Add title
* b68ba716c5c1595deedaa0f5c2296ccb2ad2daaa (main) Add README.md file
```

feature/b 브랜치의 ❶ c14d0bed89de4bf79b68861b2e5299cba0c9913a 커밋은 feature/a에서 작업되었어야 했는데 실수로 feature/b에서 개발 완료 후 생성됐습니다. 이때 feature/a 브랜치를 작업 브랜치로 변경한 후, 다음 명령어를 통해 해당 커밋을 feature/a에 추가할 수 있습니다.

```
mastering-git-github-rebase % git checkout feature/a
mastering-git-github-cherry-pick % git cherry-pick c14d0bed89de4bf79b68861b2e529
9cba0c9913a
```

```
mastering-git-github-cherry-pick % git cherry-pick c14d0bed89de4bf79b68861b2e529
9cba0c9913a
[feature/a 2a4e04f] Add description
 Date: Sat Jul 17 14:09:00 2021 +0900
 1 file changed, 3 insertions(+), 1 deletion(-)
```

8.2 이전 커밋으로 작업 브랜치의 최종 커밋 변경하기 : git reset

이미 생성된 커밋을 취소하고 이전 커밋으로 최종 커밋을 변경하고 싶을 때, 깃 명령어 git reset을 사용할 수 있습니다.

명령어
```
git reset "이전 커밋 체크섬"
```

다음과 같은 경우에 사용할 수 있습니다.

- 기능 개발을 완료했는데 갑자기 기획이 변경되어 일부 기능을 제외해야 합니다. 제외할 기능과 관련된 커밋을 취소할 수 있습니다.

main 브랜치의 현재 상태는 다음과 같다고 가정합시다.

```
mastering-git-github-reset % git log --pretty=oneline --graph
* d109ca159e1d21eb30e165d1879882e3eb586c60 (HEAD -> main) Add description ❶
* 501bc854829434d18f82024e0ba02a3eab227fbd Add title ❷
* bb0712b351ab681acbda09691dad980037cbf16d Add README.md file
```

갑자기 기획이 변경되어 페이지 설명과 관련된 ❶ d109ca159e1d21eb30e165d1879882e3 eb586c60 커밋을 제거하고 ❷ 501bc854829434d18f82024e0ba02a3eab227fbd 커밋으로 최종 커밋을 변경할 필요가 생겼습니다. 다음 명령어를 통해 이를 수행할 수 있습니다.

```
mastering-git-github-reset % git reset 501bc854829434d18f82024e0ba02a3eab227fbd
```

```
mastering-git-github-reset % git reset 501bc854829434d18f82024e0ba02a3eab227fbd
Unstaged changes after reset:
M       README.md
```

git reset 명령어를 수행한 커밋의 변경 사항이 포함된 파일(README.md)은 커밋이 취소되면서 Unstage인 Modified 상태로 변경되었습니다. 해당 명령어를 수행한 후, main 브랜치의 현재 커밋 이력은 다음과 같습니다.

```
mastering-git-github-reset % git log --pretty=oneline --graph
* 501bc854829434d18f82024e0ba02a3eab227fbd (HEAD -> main) Add title
* bb0712b351ab681acbda09691dad980037cbf16d Add README.md file
```

의도한 대로 최종 커밋은 501bc854829434d18f82024e0ba02a3eab227fbd를 바라보고 있습니다.

8.3 변경 사항 되돌리는 커밋 생성하기 : git revert

이미 생성된 커밋을 취소하는 또 다른 방법은 깃 명령어 `git revert`를 사용하는 겁니다. `git reset`과의 차이점은 취소하고자 하는 커밋의 변경 사항을 되돌리는 새로운 커밋이 생성된다는 점입니다.

명령어 `git revert "되돌리려는 커밋 체크섬"`

main 브랜치의 현재 상태는 다음과 같다고 가정합시다.

```
mastering-git-github-revert % git log --pretty=oneline --graph
* 394fc9146fbe7400bdc8867d3fd710ef5373ec3b (HEAD -> main) Add description ❶
* e6d667345fa53cdc1aef4594f614e1ac390c00a4 Add title
* 569f1612f51c28e347848a87f6b6f25b1cbc08bf Add README.md file
```

역시 기획이 변경되어 설명과 관련된 ❶ 394fc9146fbe7400bdc8867d3fd710ef5373ec3b 커밋의 변경 사항을 되돌릴 필요가 있습니다. 다음 명령어로 가능합니다.

```
mastering-git-github-revert % git revert 394fc9146fbe7400bdc8867d3fd710ef5373ec
3b
[main 861f6ee] Revert "Add description"
 1 file changed, 1 insertion(+), 3 deletions(-)
```

`git revert` 명령어를 수행한 후, main 브랜치의 현재 커밋 이력은 다음과 같습니다.

```
mastering-git-github-revert % git log --pretty=oneline --graph
* 861f6eecec4ecbb2be9ac84254a5983c82fc7e01 (HEAD -> main) Revert "Add
description"
* 394fc9146fbe7400bdc8867d3fd710ef5373ec3b Add description ❶
* e6d667345fa53cdc1aef4594f614e1ac390c00a4 Add title
* 569f1612f51c28e347848a87f6b6f25b1cbc08bf Add README.md file
```

Revert "Add description"이라는 새로운 커밋이 하나 생성되었습니다. 즉, 해당 커밋은 ❶ 394fc9146fbe7400bdc8867d3fd710ef5373ec3b 커밋의 변경 사항을 되돌려놓은 내용을 포함하고 있습니다.

git reset 명령어는 취소하려는 커밋 자체를 커밋 이력에서 제외하지만, git revert는 커밋의 변경 사항을 되돌렸다는 새로운 커밋을 커밋 이력에 생성합니다. git reset이 커밋 이력을 깔끔하게 유지하는 것처럼 보일 수 있으나, 여러 개발자가 함께 협업하는 프로젝트에서는 작업을 되돌리는 이력도 서로 확인할 수 있는 것이 좋다고 생각합니다. 따라서 가능하다면 git revert 명령어 사용을 권장합니다.

8.4 브랜치 커밋 이력 재정렬하기 : git rebase

기준 브랜치에서 여러 브랜치를 생성하여 작업 후, 계속해서 병합을 하면 커밋 이력을 한눈에 알아보기 어려운 상태가 될 수 있습니다. 특정 브랜치의 커밋 이력을 기준으로 작업 브랜치의 커밋 이력을 재정렬할 때 깃 명령어 **git rebase**를 사용할 수 있습니다.

명령어 `git rebase "재정렬을 위한 기준 브랜치"`

현재 main 브랜치와 main 브랜치를 기준으로 생성된 feature/a 브랜치가 존재한다고 가정합시다. feature/a 브랜치 생성 이후 main 브랜치와 feature/a 브랜치에는 각각 새로운 커밋이 생성되었습니다. main 브랜치의 상태는 다음과 같습니다.

```
mastering-git-github-rebase % git log --pretty=oneline --graph
* d6775c986c3c2b96f7d0cc42b3e7f4e3877410e6 (HEAD -> main) Add title ❶
* 3c1bde0fbba3acc9d4c593dbeb8d0a03c81a8813 Add README.md file
```

feature/a 브랜치의 상태는 다음과 같습니다.

```
mastering-git-github-rebase % git log --pretty=oneline --graph
* f11923bdce26408d9c83ced019890cb11501202b (HEAD -> feature/a) Add description ❷
* 3c1bde0fbba3acc9d4c593dbeb8d0a03c81a8813 Add README.md file
```

main 브랜치는 ❶ d6775c986c3c2b96f7d0cc42b3e7f4e3877410e6 커밋을, feature/
a 브랜치는 ❷ f11923bdce26408d9c83ced019890cb11501202b 커밋을 새로 생성했습니다.

커밋 이력 재정렬의 의미를 설명하기 위해, 현재 상태를 기준으로 5장에서 학습했던 '병합과 커밋 이력 재정렬 후 병합' 두 가지를 모두 보여드리겠습니다.

feature/a 브랜치 병합

main 브랜치를 작업 브랜치로 설정한 후, feature/a 브랜치 병합을 시도합니다.

```
mastering-git-github-rebase % git checkout main
mastering-git-github-rebase % git merge feature/a
```

병합 후, main 브랜치의 커밋 이력을 살펴봅니다.

```
mastering-git-github-rebase % git log --pretty=oneline --graph
*   d42a62c22c0f6e9467c834e9a79dd440dbbe1c71 (HEAD -> main) Merge branch
'feature/a'
|\
| * f11923bdce26408d9c83ced019890cb11501202b (feature/a) Add description
* | d6775c986c3c2b96f7d0cc42b3e7f4e3877410e6 Add title
|/
* 3c1bde0fbba3acc9d4c593dbeb8d0a03c81a8813 Add README.md file
```

5장에서 학습한 것처럼 main 브랜치와 feature/a 브랜치에 각각 추가된 새로운 커밋을 병합하는 병합 커밋이 생성된 것을 확인할 수 있습니다.

feature/a 브랜치 커밋 이력 재정렬 후 병합

이번에는 feature/a 브랜치를 작업 브랜치로 설정한 후, main 브랜치를 기준으로 커밋 이력을 재정렬하겠습니다.

```
mastering-git-github-rebase % git checkout feature/a
mastering-git-github-rebase % git rebase main
```

커밋 이력 재정렬 후, feature/a 브랜치의 상태를 확인해봅시다.

```
mastering-git-github-rebase % git log --pretty=oneline --graph
* f22ed82622cddf013da8dcd2bac14d847b20a3aa (HEAD -> feature/a) Add description ❶
* d6775c986c3c2b96f7d0cc42b3e7f4e3877410e6 (main) Add title
* 3c1bde0fbba3acc9d4c593dbeb8d0a03c81a8813 Add README.md file
```

처음에 feature/a 브랜치 커밋 이력을 확인했던 것과 차이가 보이시나요? main 브랜치의 최신 커밋 이력을 기준으로 feature/a에 추가된 ❶ f22ed82622cddf013da8dcd2bac14d847b20a3aa 커밋이 가장 최근 커밋으로 재정렬되었습니다. feature/a 브랜치의 커밋 이력을 재정렬했으니, 이제 main 브랜치를 작업 브랜치로 변경한 후 병합을 시도해보겠습니다.

```
mastering-git-github-rebase % git checkout main
mastering-git-github-rebase % git merge feature/a
```

병합 후, main 브랜치의 커밋 이력은 다음과 같습니다.

```
* f22ed82622cddf013da8dcd2bac14d847b20a3aa (HEAD -> main, feature/a) Add
description
* d6775c986c3c2b96f7d0cc42b3e7f4e3877410e6 Add title
* 3c1bde0fbba3acc9d4c593dbeb8d0a03c81a8813 Add README.md file
```

첫 번째 병합 방법보다 깔끔한 커밋 이력을 확인할 수 있습니다. feature/a 브랜치가 생성된 이후 main 브랜치에 새로운 커밋이 추가되었지만, feature/a 브랜치에서 다시 main 브랜치를 기준으로 커밋 이력을 재정렬했기 때문에 병합 커밋 생성 방식이 아닌 빨리감기 병합 방식으로 수행되었습니다.

학습 마무리

지금까지 커밋 이력 조작을 위해 필요한 몇 가지 깃 명령어를 살펴보았습니다. 커밋 이력을 조작하는 것은 협업하는 개발자들 혹은 팀에 적극적으로 동기화되지 않으면 큰 문제를 야기할 수 있습니다. 명령어에 대해 충분히 숙지한 후, 함께 작업하는 동료들과 규칙을 생성하여 사용하시기를 바랍니다.

새로 배운 명령어 모아보기

명령어	기능	명령 형식
git cherry-pick	다른 브랜치의 커밋 추가	git cherry-pick "추가하려는 커밋 체크섬"
git reset	이전 커밋으로 최종 커밋 변경	git reset "이전 커밋 체크섬"
git revert	변경 사항 되돌리는 커밋 생성	git revert "되돌리려는 커밋 체크섬"
git rebase	커밋 이력 재정렬	git rebase "재정렬을 위한 기준 브랜치"

VSCode의 기능을 이용하여
커밋하기

☐ 학습 목표	이 책은 깃 명령어를 직접 실행하고 반복하며 깃에 익숙해지는 것에 초점을 맞추고 있습니다. 책을 충분히 학습하신 분이라면 깃 명령어를 직접 입력하고 실행하는 대신 더 빠르고 간단한 방법을 찾는 분도 있을 것이라 생각합니다.
	VSCode에서는 깃을 포함한 소스 코드 버전 관리 기능을 기본적으로 제공하고 있습니다. 부록에서는 VSCode에서 제공하는 기능을 이용하여 깃 명령어를 직접 실행하지 않고 원격 저장소를 지역 저장소로 복제하고, 새로운 커밋을 생성하고, 다시 원격 저장소에 반영하는 일련의 과정을 학습합니다.
	기본적인 내용은 1.5절 '생애 첫 커밋하기'와 동일합니다.
☐ 학습 순서	**1** 깃허브에 새 원격 저장소 생성하기
	2 원격 저장소 복제하기
	3 깃 사용자 정보 등록하기
	4 파일 추가 및 커밋 생성하기
	5 원격 저장소에 커밋 등록하기

`STEP 1` A.1 깃허브에 새 원격 저장소 생성하기

깃허브에 접속하여 실습에서 사용할 새로운 원격 저장소를 생성합니다.

`To Do` **01** ❶ ➕▾ 아이콘 → ❷ [New repository]를 클릭해 깃허브 원격 저장소 생성 페이지로 이동합니다.

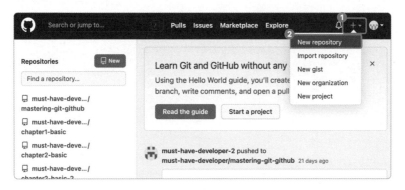

02 ❶ mastering-git-github-vscode로 저장소 이름을 작성한 뒤 ❷ [Create repository] 버튼을 클릭하여 원격 저장소 생성을 완료합니다.

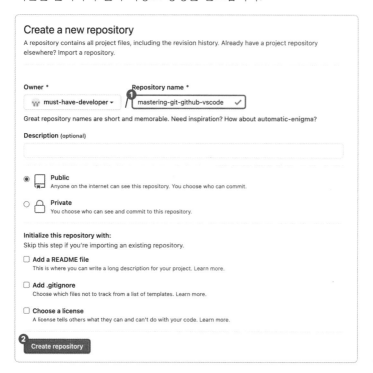

03 원격 저장소 생성을 완료했다면, 다음 버튼을 클릭하여 원격 저장소 주소를 복사합니다.

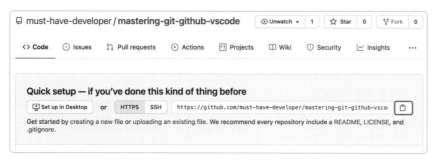

STEP2 ## A.2 원격 저장소 복제하기

이제 VSCode의 소스 코드 버전 관리 기능을 이용하여 원격 저장소를 지역 저장소에 복제하겠습니다.

To Do **01** 먼저 VSCode를 엽니다.

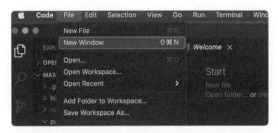

VSCode를 열었을 때, 기존에 사용 중이던 다른 지역 저장소가 열려있다면 다음 그림과 같이 [File] → [New Window]를 클릭하여 VSCode 초기 화면이 보여지도록 합니다. 이미 VSCode가 빈 프로젝트라면 이 단계를 건너뛰세요.

02 ❶ 소스 코드 버전 관리 버튼 ⏸ → ❷ [Clone Repository]를 클릭합니다.

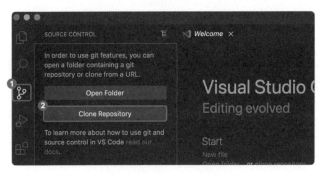

[Clone Repository] 버튼을 클릭하면 상단에 원격 저장소 주소를 입력하는 창이 나타납니다. ❸ 위에서 복사한 깃허브 새 원격 저장소 주소를 붙여넣은 후 enter 를 누릅니다.

03 이제 다음과 같이 원격 저장소를 복제할 위치를 선택할 수 있는 창이 보여집니다. ❶ 위치를 선택한 후 ❷ [Select Repository Location] 버튼을 클릭하세요(저는 이 책에서 사용하는 루트 디렉터리인 git-github-programming을 선택하겠습니다).

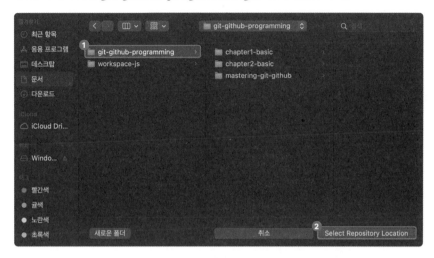

04 위치 선택을 완료했다면 VSCode 우측 하단에 다음과 같은 알림창을 확인할 수 있습니다. 현재 열려있는 VSCode에서 복제한 저장소를 열 것인지 새로운 창에서 열 것인지 묻습니다. 저는 이미 열려있는 창에서 복제한 저장소를 열도록 [Open] 버튼을 클릭하겠습니다.

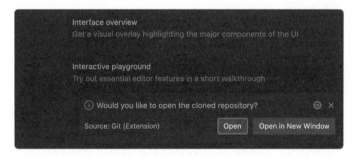

이제 VSCode에 복제한 저장소가 열린 것을 확인할 수 있습니다.

STEP 3 ## A.3 깃 사용자 정보 등록하기

깃 저장소를 생성하거나 복제한 후 깃 사용자 정보를 등록해야 합니다. 깃 사용자 정보 등록은 기존처럼 깃 명령어를 이용하여 진행하게 됩니다.

터미널 창을 열고 다음 명령어를 실행하여 깃 사용자 정보를 등록합니다.

```
mastering-git-github-vscode % git config user.name "must-have-developer"
mastering-git-github-vscode % git config user.email "must.have.developer@gmail.com"
```

STEP 4 ## A.4 파일 추가 및 커밋 생성하기

이제 복제한 저장소에서 새로운 파일을 작성한 후, 커밋을 생성해보겠습니다.

`To Do` **01** VSCode 탐색기를 통해 README.md 파일을 생성합니다.

02 생성한 README.md 파일에 내용을 작성합니다.

03 내용 작성을 완료하면 좌측 소스 코드 버전 관리 아이콘에 숫자 1이 뜬 것을 확인할 수 있습니다. 파일 기준으로 새로운 변경 내역이 1개 존재한다는 의미입니다. ❶ 🔀 아이콘을 클릭합니다.

예상한 대로 README.md 파일에 변경 내역이 존재한다고 알려줍니다. 파일 옆의 ❷ ➕ 버튼을 클릭합니다(실행 결과는 git add 명령어를 실행한 결과와 같습니다).

버튼을 클릭하면 다음 그림과 같이 README.md 파일이 Staged Changes 영역으로 이동합니다.

해당 파일이 스테이징 영역에 추가되어, 추적되는 파일로 등록되고, 커밋 대상 파일로 등록되었습니다. 자세한 내용은 2.4절 '파일 상태 확인하기'를 참고해주세요.

04 이제 커밋 메시지를 입력하는 창에 메시지를 작성한 후 enter 를 쳐서 커밋 생성을 완료합니다.

이렇게 VSCode의 소스 코드 버전 관리 기능을 사용하여 커밋 생성을 완료했습니다.

STEP 5 A.5 원격 저장소에 커밋 등록하기

To Do **01** 생성한 커밋을 원격 저장소에 반영해보겠습니다. ❶ 소스 코드 버전 관리 기능의 ⋯ 버튼을 클릭합니다.

그러면 소스 코드 버전 관리를 위한 기능 목록을 확인할 수 있습니다. ❷ [Push]를 선택해 생성한 커밋을 원격 저장소에 반영합니다.

02 제대로 반영이 되었는지 깃허브 원격 저장소에 접속해서 확인해볼까요?

❶ 깃허브의 mastering-git-github-vscode 원격 저장소 페이지에 접속합니다.

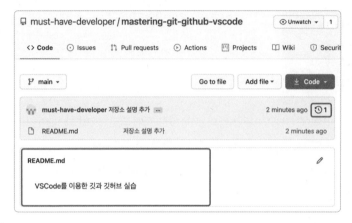

메인 페이지에 README.md 내용이 보이는 것을 보니 커밋이 잘 반영된 것 같습니다. ❷ 커밋 내역 버튼을 클릭하여 자세한 내용을 살펴볼까요?

생성한 커밋이 목록에 존재하는 것을 확인했습니다. 우리가 책에서 학습한 다른 기능들도 VSCode의 소스 코드 버전 관리 기능을 통해 확인해보세요.

학습 마무리

이렇게 깃 명령어를 직접 입력하는 대신 VSCode의 소스 코드 버전 관리 기능을 이용하여 원격 저장소를 지역 저장소로 복제하고, 새로운 커밋을 생성하고, 생성한 커밋을 원격 저장소에 반영하는 일련의 과정을 살펴보았습니다.

직접 깃 명령어를 실행한 후 깃의 동작을 충분히 이해했다면, 필요에 따라 VSCode의 기능을 활용하여 더 간단한 방법으로 작업을 진행하는 것도 좋은 방법이라고 생각합니다.

함께해야 제맛이지!

10년 가까운 세월을 개발하는 일로 먹고살며 가장 무게감 있게 와닿는 깨달음이 있습니다. "혼자서 할 수 있는 일은 별로 없다." 물론 직업인 프로그래머라는 페르소나일 때 해당되는 이야기입니다.

사무실에 출근해 혹은 재택에서 온라인으로 출근해 가장 먼저 동료들에게 아침인사를 합니다. 퇴근하기 전까지 내가 하는 모든 일에 동료들의 흔적이 남아있습니다. 해결해야 하는 업무 티켓에도, 내가 코드를 작성하고 있는 소스 코드 파일에도, 내가 궁금해하는 내용의 답변에도 온전히 나만의 흔적만 있는 경우는 거의 없죠. 그래서 저는 그리고 우리는 동료와 함께 일하는 법을, 함께 더 좋은 결과를 만드는 방법을 고민하고 행동해야 합니다. 이 책에서 다루는 깃과 깃허브는 그 방법을 위한 첫걸음이자 필수 불가결한 요소가 아닐까 생각합니다.

이 책을 집필하며 그동안 팀 협업에서 무엇을 중요하게 여겼고 어떻게 행동해왔는지를 돌아볼 수 있었습니다. 단순히 이 책을 따라 하기보다는 독자분들의 팀에 변화를 일으킬 수 있는 고민도 함께하기를 진심으로 바랍니다. 또한 깃과 깃허브에 대한 반복적인 여정이 여러분의 손과 뇌에 현명한 습관을 심어주었기를 바랍니다. 감사합니다.

2021년 늦은 여름

박미정

감사 인사

치밀하고 열정 넘치는 편집자 최현우 프로님, 그리고 골든래빗에 감사드립니다. 많은 베타 리더께서 참여해주셨습니다. 그리고 정말 섬세한 리뷰를 해주셨습니다. 모든 분께 감사합니다. 실습 시나리오의 두 번째 개발자로 등장하고 저 멀리 두바이에서 프로그래머를 꿈꾸는 옛 동료 희진 님에게도 안부를 전합니다. 책이 언제 나오나 기대와 기분 좋은 독촉을 나눠준 가족에게도 감사하고, 무엇보다 첫 번째 개발자로 등장하고 같은 프로그래머로서 가장 큰 영감을 주는 옛 동료이자 남편 기호에게 큰 마음을 담아 고마움을 전합니다. 또 다른 성장으로, 또 다른 즐거운 주제로 책에서 뵙기를 바랍니다.

용어 찾기

명령어 찾기

명령어	위치(쪽)	기능	명령 형식
git add	073	커밋에 포함될 파일 등록	git add "파일명"
git branch	168	브랜치 확인	git branch -a
		브랜치 생성	git branch "생성할 브랜치명"
		브랜치 제거	git branch -d "삭제할 브랜치명"
git checkout	168	작업 브랜치 변경	git checkout "변경할 브랜치명"
git cherry-pick	248	다른 브랜치의 커밋 추가	git cherry-pick "추가하려는 커밋 체크섬"
git clone	094	원격 저장소 복제	git clone "원격 저장소 주소"
git commit	076	새로운 커밋 생성	git commit
		기존 커밋 수정	git commit --amend
		기존 커밋 저자 수정	git commit --amend --author "username ⟨email⟩"
git config --global user.name git config --global user.email	064	지역 환경의 전체 프로젝트를 위한 사용자 등록	git config --global user.name "사용자 이름" git config --global user.email "이메일 주소"
git config user.name git config user.email	064	프로젝트별 지역 사용자 등록	git config user.name "사용자 이름" git config user.email "이메일 주소"
git fetch	202	원격 저장소 변경 내역 가져오기	git fetch "원격 저장소 식별자" "원격 저장소 브랜치"
git init	062	지역 저장소 생성	git init
git log	079	커밋 내역 확인	git log
		커밋 내역 가시적/그래프 표현으로 확인	git log --pretty=oneline --graph
git merge	178	브랜치 병합	git merge "병합할 브랜치명"

명령어	위치(쪽)	기능	명령 형식
git pull	199	원격 저장소 변경 내역 가져오기	git pull "원격 저장소 식별자" "원격 저장소 브랜치"
git push	089	원격 저장소에 커밋 반영	git push "원격 저장소 식별자" "브랜치"
git rebase	252	커밋 이력 재정렬	git rebase "재정렬을 위한 기준 브랜치"
git remote add	067	원격 저장소의 주소를 지역 저장소에 등록	git remote add "원격 저장소 주소"
git reset	250	이전 커밋으로 최종 커밋 변경	git reset "이전 커밋 체크섬"
git revert	251	변경 사항 되돌리는 커밋 생성	git revert "되돌리려는 커밋 체크섬"
git status	072	현재 프로젝트의 파일 상태 확인	git status

박미정의 깃&깃허브 입문

프로젝트 협업 시나리오로 익히는 Git&GitHub 반복 학습서

초판 1쇄 발행 2021년 09월 13일

지은이 박미정

펴낸이 최현우 · **기획** 최현우 · **편집** 최현우, 이복연

디자인 Nu:n · **조판** 이경숙

펴낸곳 골든래빗(주)

등록 2020년 7월 7일 제 2020-000183호

주소 서울 마포구 신촌로2길 19, 302호

전화 0505-398-0505 · **팩스** 0505-537-0505

이메일 ask@goldenrabbit.co.kr

SNS facebook.com/goldenrabbit2020

ISBN 979-11-91905-01-4 93000